ERIKA L. SÁNCHEZ

Llorando en el baño

Erika L. Sánchez es una poeta, novelista y ensayista mexicoamericana. Su primera colección de poemas, *Lessons on Expulsion*, fue finalista del PEN Open Book Award. Su primera novela para jóvenes lectores, *Yo no soy tu perfecta hija mexicana*, se convirtió en *bestseller* del *New York Times* y fue finalista del National Book Award. También ha sido adaptada para el cine. Sánchez recibió el Princeton Arts Fellowship 2017-2019, el 21st Century Award de la Chicago Public Library Foundation en 2018, y el National Endowment for the Arts Fellowship en 2019. Ocupó la posición de Sor Juana Inés de la Cruz Chair de la Universidad DePaul de Chicago del 2019 al 2020.

TAMBIÉN DE ERIKA L. SÁNCHEZ

Yo no soy tu perfecta hija mexicana

Llorando en el baño

Llorando en el baño

MEMORIAS

ERIKA L. SÁNCHEZ

TRADUCCIÓN DE LAURA LECUONA

Vintage Español

Penguin
Random House
Grupo Editorial

Título original: *Crying in the Bathroom*

Primera edición: septiembre de 2022

Impreso en Estados Unidos / *Printed in USA*

ISBN: 978-0-593-31473-9

22 23 24 25 26   10 9 8 7 6 5 4 3 2 1

Para mi abuela Clara
y todas las mujeres que vinieron antes que ella

Un ciervo herido salta más alto.

—*Emily Dickinson*

ÍNDICE

INTRODUCCIÓN

Crecí creyendo que no importaba, que a nadie le interesaba lo que yo tuviera que decir. El mundo no me veía a mí: hija de inmigrantes mexicanos de clase trabajadora, y lo que veía en cambio lo consideraba desechable, intrascendente. En el arte que me gustaba, rara vez encontraba imágenes de gente como yo: ratón de biblioteca, pobre, hosca, morena. Por todas partes buscaba un modelo de la vida que deseaba, pero encontré pocos. Quería ser escritora y viajar por el mundo, pero no tenía idea de cómo iba a lograrlo. Únicamente veía aquí y allá fragmentos aislados de ese tipo de vida. Textos, como la poesía de Sandra Cisneros eran mi tabla de salvación. Ella era una chava mexicana de Chicago que se había hecho escritora y había viajado sola por Europa. Textos como los suyos eran para mí hallazgos poco comunes, porque al parecer yo era la única en mi entorno que los buscaba. Mis maestros no solían hablarnos de libros escritos por gente de color, no tenía mentores ni acceso al rudimentario internet de aquella época. Las bibliotecas de mi comunidad eran tan limitadas y hostiles para niñas y niños que empecé a robar libros de la librería. Ahora, por supuesto, sé que en ese entonces existían otros libros que hablaban de quién era yo, pero no llegaban a mis manos muy a menudo. Al no tener ningún modelo, hice aquello de lo que Lucille Clifton habla en su poema "Won't you celebrate with me" (¿No quieres celebrar conmigo?), y lo inventé yo.

Cuando comencé a escribir acerca de esta vida que me había inventado, me atormentaba una voz insistente que preguntaba: "Erika, ¿a quién carajos le importa?". La respuesta era siempre un recuerdo de cuánto me había animado descubrirme a mí misma en el pequeño arte que declaraba valiosa una historia como la mía. Quería un lugar para mí en esa tradición, y cuando en la universidad me dio por buscar más textos de mujeres escritoras, empecé a ver dónde encajaba yo. Considero a Toni Morrison la santa patrona de mi escritura. Me guía el propósito de escribir con su grado de honestidad y claridad. En este libro se alude a Virginia Woolf una y otra vez, tanto por su obra como por su trágica vida, que, supongo, son una y la misma. Sor Juana Inés de la Cruz se volvió un modelo para mi propia rebelión. Y la lista sigue y sigue. Ninguno de mis libros podría haber sido escrito sin estas autoras extraordinarias. Estoy en deuda con todas las mujeres que vinieron antes, las que allanaron el camino y también aquellas cuyos talentos fueron extinguidos, enterrados o sublimados porque el mundo tenía miedo a su fuerza. Gracias a sus rebeliones, grandes y pequeñas, pude llegar a tener esta vida extraordinaria, es decir, una vida que es totalmente la que yo elegí. Soy yo misma en un mundo que me presiona a ser de otro modo, un mundo que no me ama, que no fue construido para mí.

Por lo general se alaba la resiliencia de las mujeres de color, pero lo que con demasiada frecuencia se pasa por alto es que nuestra resiliencia es una respuesta a tantas formas de violencia. Para nosotras la resiliencia es algo más que un noble rasgo de carácter: es un estilo de vida que la opresión nos ha exigido. O nos adaptamos o morimos.

Aun así, no tenemos que ser simples caricaturas. Nuestras historias importan, a pesar de lo que el resto de la sociedad quiere hacernos creer. Por ellos, aquí les presento un conjunto de mis cavilaciones, desgracias, triunfos, desengaños, placeres y resurrecciones. Reuní todos lo mejor que pude, aunque reconozco que la memoria tiene sus bemoles: es escurridiza, está viva y cambia con el paso del tiempo. Todos vemos versiones diferentes de la misma cosa. He escrito el libro más verdadero que pude crear. Así es como siempre he llegado a entender el mundo y mi vida. Gracias por estar conmigo en esta tierra.

EL AÑO EN QUE
SE ME ROMPIÓ LA VAGINA

Un frío y despejado día de otoño en mi último año de universidad llamé a una clínica feminista local en estado de pánico y describí con gran detalle lo que estaba pasándole a mi vagina. Estaba de pie, afuera de una de mis clases, esperando que nadie me oyera describir las tribulaciones de mis partes pudendas. Semanas antes había empezado a tener comezón y sensación de ardor, y enseguida concluí que tenía una enfermedad de transmisión sexual. La mujer al otro lado de la línea me tranquilizaba explicándome pacientemente que tal vez era una infección "de jardín", que es una manera en inglés de decir "común y corriente". Esto no me convenció, pues sonaba a que lo que pasaba entre mis piernas era hermoso y fecundo, y definitivamente no era sí.

—¿Está segura? —pregunté; iba caminando y las hojas secas de otoño crujían bajo mis pies—. ¿Y si es una enfermedad de transmisión sexual?

La sola idea me llenaba de asco y vergüenza. No importaba que en los últimos meses hubiera tenido relaciones sexuales con condón, y nada más con una persona, que además era virgen. Yo estaba convencida de ser una enferma degenerada. A pesar de considerarme feminista, de que era 2005 y de que yo sabía que las relaciones sexuales, incluso las ocasionales, no eran intrínsecamente malas ni inmorales, creía que Dios o el universo, o quizá mis beatas ancestras en el más allá, estaban castigándome por andar dando las nalgas. "Cochina", dije para mis adentros.

Los primeros tres años de universidad iba y venía en tren de casa de mis padres al campus. No era lo que quería, pero no podía darme el lujo de vivir en una residencia estudiantil o de rentar un departamento, ni siquiera un cuchitril frío y húmedo. Tramé toda clase de planes y argucias para obtener la independencia, pero mis exiguos salarios por un trabajo de medio tiempo en la secretaría de admisiones de la universidad no impedían que estuviera quebrada, así que no tenía más remedio que vivir con mis padres. Ellos, obreros en una fábrica, no estaban precisamente forrados, así que no había modo de que les pidiera dinero para mudarme de su casa, que por lo demás no tenía nada de malo. Esa sí que era una bobería de gente blanca.

Acababa de pasar las vacaciones de verano estudiando (gracias a un cuantioso préstamo estudiantil) en el extranjero, en la ciudad de Oaxaca, así que vivir en la casa familiar durante mi último año universitario empezaba a resultar absurdo. Había vagabundeado por México yo sola, cuidando de mi corazón roto después de que mi novio de dos años me dijera que ya no me amaba, y me reemplazara ipso facto por una chica blanca y hogareña. Por unas semanas me fui de fiesta con las amistades mexicanas adineradas que había conocido sollozando una tarde en la playa. Bebí tanto mezcal que agarré una pancreatitis y tuvieron que hospitalizarme. Había *vivido*.

¿Y ahora de repente tenía que informarles a mis padres de mi paradero? ¿A los veintiún años? De ninguna manera.

Así que a principios de año empaqué mis cosas y me mudé con una amiga que vivía en un departamento enfrente de nuestra vieja preparatoria, como a kilómetro y medio. Mis padres estaban lívidos. Mexicanos de la vieja escuela, consideraban que al irme de casa, solo porque se me daba la gana, estaba incumpliendo mi papel de hija. A sus ojos yo era una malagradecida, además de irrespetuosa, y algo tenía esto de cierto, pero no porque estuviese mudándome. Irme de casa a esa edad, y sin estar casada, era algo que ninguna mujer de mi familia había hecho jamás. Era una afrenta contundente e inaudita. Pero eso no me detuvo.

Pagaba doscientos dólares al mes por la renta del cuarto de visitas de mi amiga, que equivalía a la mitad de la renta. Su padre era dueño del edificio; imagino que por eso la renta era tan increíblemente barata. Eso y el hecho de que, desafortunadamente, era un cuchitril, con paredes amarillas y pisos de linóleo desvaído en la cocina.

Había escapado de las cucarachas de mi infancia sólo para volvérmelas a encontrar. *Qué gusto verte, Erika. Te extrañábamos.* La cocina tenía algo aséptico y a la vez sórdido que indicaba dolor y desesperación. Bajo su luz fluorescente todo mundo se veía triste y demacrado. Una amiga lo describía como "un lugar donde la gente se inyectaba heroína o alguna otra mierda". Mi cuarto no era lo que se dice una mejoría. Por alguna misteriosa razón, había un gran espejo roto recargado en una de las paredes y nunca me tomé la molestia de quitarlo a pesar de que evidentemente era un peligro. Lo usaba para ver la mitad inferior de mi vestimenta y hacía como si los bordes afilados no pudieran lastimarme.

Estaba tan mal económicamente que los primeros dos meses dormí en el suelo sobre un colchón inflable. Algunas noches se desinflaba y yo me despertaba toda desparramada por el piso. Huelga decir que dormía fatal, y eso no habría cambiado si no fuera porque una de mis tías me legó su vieja cama. Mis libros, mis posesiones más preciadas, estaban amontonados en unos anaqueles que probablemente habían sido sustraídos de una fábrica. Y no tenía clóset, así que la ropa que no cabía en mi cómoda (¿tenía cómoda?) estaba desparramada por todo el cuarto. Cuando hacía calor, daba vueltas en la cama toda la noche sin aire acondicionado; en invierno me ponía capas de ropa para no tiritar de frío. Una amiga que me visitó una tarde echó un vistazo y dijo, incrédula:

—¡Ah!, vives como Charlie, de *Willy Wonka y la fábrica de chocolate*.

El comentario me pareció un poco insultante, pero eso no me impidió sentirme orgullosa de vivir sola sin ayuda de nadie más.

Con mis ingresos limitados, busqué estrategias para la comida. Ese año mi amiga y yo comimos hot cakes, huevos y pasta en abundancia. Por fin entendí la comida de mi infancia: flautas de papa, sopa de fideo, espagueti a la mexicana, frijoles refritos. Los almidones y las grasas son la manera más barata de llenarse (¡no me digas!), pero nunca lo había pensado hasta que compré mis propios comestibles. También bebí muchas botellas de vino de cinco dólares porque comprarlas en la tienda de abarrotes me hacía sentir muy adulta. Tantos años esperando con ansias alcanzar la mayoría de edad para poder beber legalmente, y por fin había llegado el momento. Mírenme: toda una dama, sofisticadísima ella.

. . .

A ESE AÑO LE PUSE de cariño "mi año de puta" (lo que menos me imaginaba es que me aguardaban otros de esos en el futuro). A pesar de no tener muchas relaciones sexuales, tenía citas con frecuencia para superar mi ruptura. Más que hacer una pausa para aquilatar mis propios deseos y necesidades, me distraía con hombres. Salía con unos a los que ni siquiera me sentía atraída, en parte por aburrimiento, en parte por un deseo de ser deseada. Amigos de amigas, tipos en bares, compañeros de clase, lo que fuera. Yo era una zorra a favor de la igualdad de oportunidades. Como era de esperarse, algunos tipos ponían a prueba el sistema nervioso. A veces estaba convencida de que no me interesaría una segunda cita pero aceptaba la primera sólo por divertirme. No soportaba estar a solas con mis pensamientos. En esa época tomé muchas malas decisiones. Por un breve periodo me cogí a un tipo que era virgen y que una vez contestó una llamada telefónica de su madre cuando aún seguía dentro de mí. Me le quedé viendo boquiabierta mientras él discutía con su mamá en polaco.

Como casi todos los estudiantes del último año de universidad, asistía con mucho entusiasmo a cualquier fiesta o borrachera a la que me invitaran. Podía salir de la casa a cualquier hora y cualquier noche de la semana. Aunque estuviera en piyama, podían convencerme de salir de mi departamento a las diez de la noche antes de un examen. Me cambiaba de ropa a toda prisa y salía corriendo para encontrarme con amigos en cualquier antro de mala muerte. Casi siempre era una decepción garantizada, pero iba porque *¿qué tal si aquella resultaba ser la mejor noche de mi triste vida?*

Habían pasado varias semanas del año escolar cuando mi amiga Martha organizó una fiesta de Halloween adelantada en el pequeño ático donde vivía. Estaba en el barrio del South Side llamado Back of the Yards. Martha era unos años mayor que yo y la conocía desde la preparatoria. Un tiempo habíamos estado juntas en la universidad pero en mi último año ella abandonó los estudios. Yo siempre la había admirado porque se vestía como gótica y le gustaba hablar de libros. Con ella probé los cigarros de clavo; me presentó nuevos autores y grupos de rock alternativo. Tenía la vaga aspiración de convertirse en escritora, pero la perseverancia no era su fuerte. Además las nalgas se le inclinaban hacia adentro, cosa que en mi opinión hay que tomar en cuenta. Juzguen ustedes.

Martha siempre fue un poco insidiosa: un cumplido ambiguo, una crítica disfrazada de amor duro, una observación cruel sobre mi apariencia. Malas vibras, espíritus, energías, encantamientos y vapores en abundancia. Martha siempre me hacía sentir mal, y como yo quería su aprobación, hacía caso omiso y me convencía de ser demasiado sensible, que es de lo que todo mundo siempre me había acusado. Mi sensibilidad siempre había sido una especie de maldición. Tenía que romperla.

En la fiesta de Martha, un hombre de hermoso rostro moreno se puso a coquetear conmigo. Él también había ido a nuestra preparatoria y era un poco mayor que nosotras. Se llamaba José. Mis recuerdos de él eran vagos. Lo único de lo que me acordaba era que había embarazado a su novia de la prepa en el último año. Evidentemente era muy atractivo, así que al principio no lo consideré una opción romántica; prefería una guapura más sutil, un rostro con carácter. Él mismo se sabía un cuero y parecía estar permanentemente posando para una foto, resaltando los labios y con los ojos en simulada expresión pensativa. Siempre pensé que esa clase de hombres no se interesaba en mí, pues me consideraba un bicho raro hecho y derecho. Me puse a ver a mi alrededor por si a lo mejor estaba malinterpretando y no estaba hablándome a mí sino a alguien más, quizá una chava bonita detrás de mí. Pero no: era a mí a quien miraba de arriba abajo. No hice caso y me paseé por la fiesta con una copa enorme de vino que parecía rellenarse sola. En algún momento estuve tan borracha que tuve que acostarme en la cama de mi amiga. Unos minutos después entró José y cerró la puerta.

Nunca había estado tan borracha y a duras penas podía mantenerme en pie. Nos besamos y tocamos un rato hasta que tuve que hacerlo a un lado para vomitar; casi todo cayó en la cama. En algún momento se fue y yo me quedé dormida sobre mi propio vómito.

A la mañana siguiente me encontré a Martha y su novio en la mesa de la cocina bebiendo café. La cabeza me estallaba y el estómago me dolía por haber vomitado de forma tan intensa como inoportuna. Hasta la fecha, nunca he estado más cruda que aquella mañana. Me sentía como un viejo trapeador retorcido. Me disculpé con Martha y su novio por haber arruinado sus sábanas y prometí comprarles unas nuevas. Me tranquilizaron diciéndome que no era nada y que esas cosas pasan.

—¿Cómo te fue con José? —preguntó Martha con una sonrisita. No llevaba su distintivo labial negro, y su rostro, inexpresivo y a la vez inquietante, parecía un lienzo tensado.

Sentí un tirón profundo, pero en ese momento no pude expresarlo en palabras. Para una parte de mí era como si Martha me hubiera hecho un favor pues, ya sabes, él tan guapo y tú tan rarita.

—Fajamos y luego vomité, así que no pasó nada —dije. A lo mejor incluso me reí.

—Estaba buscándote y le dije que se asomara a mi cuarto. ¡De nada! —dijo riendo.

Solía creer que las violaciones ocurrían en callejones oscuros y estacionamientos. Pensaba que tenían que incluir violencia física, que el hombre te abría las piernas a la fuerza. Yo era un producto de los noventa criada viendo el programa *Afterschool Special* y películas televisivas sobre inocentes chavas blancas que pierden la virginidad a manos de un psicópata. Era puro "¡No es no!". Nunca había pensado que la violación podía ocurrir cuando estás tan borracha que ni siquiera puedes mantenerte erguida y te sientes vagamente atraída al tipo que entra a hurtadillas en el cuarto donde estás semiconsciente. No hablábamos de consentimiento, ya no se diga de consentimiento a cada paso o consentimiento entusiasta. No hablábamos de la estigmatización de mujeres por su sexualidad, de masculinidad tóxica, de la misoginia en las propias mujeres ni de la manera como todo esto se interrelaciona. No podemos identificar aquello para lo que no tenemos el lenguaje. Así, yo no tenía palabras para describir lo que me había pasado. Sabía que, fuera lo que fuere, se sentía mal, pero no era del todo consciente de por qué me sentía así.

El comportamiento de Martha me incomodó, como cuando una trae una blusa que pica pero aprende a no prestarle atención. Me tomó mucho tiempo entender la gravedad de lo que había hecho. Muchos años después nos dejamos de hablar. Le había pedido un espacio seguro para acostarme y me ofreció para quien me quisiera. Ese año nos peleamos por muchas cosas que no tenían relación con lo que había pasado en su fiesta. Era como si mi sola existencia le ofendiera. Después de uno de esos pleitos, otra amiga mía empezó a decirle "la asesina de Selena". Había visto una foto de las dos en una fiesta; mientras que yo sonrío a la cámara, ella me ve de reojo con cara de pocos amigos. En verdad parece como si estuviera a punto de matarme. Al final, Martha y yo tuvimos una gran pelea, que parece haber sido inevitable, pues la señorita resultó ser una resentida en grado sumo. A lo largo de los años hicimos algunos débiles intentos de reconectar, pero lo dejé después de que, de la nada, enloqueció con una benévola publicación que puse en Facebook.

La vagina me siguió doliendo y picando y no podía dejar de pensar en eso. La situación parecía no tener cura hasta que tuve mi primera cita en la Clínica de Mujeres de Chicago. Había hecho trabajo voluntario ahí algunas veces, así que conocía y respetaba su filosofía y por lo tanto tenía mucha fe en ellas. Las facultativas, en su mayoría enfermeras y parteras, no te tapaban la parte inferior del cuerpo durante los exámenes, pues creían que era importante que vieras y entendieras lo que estaban haciendo. Además entibiaban el espéculo (algo que todo mundo debería hacer) y los estribos tenían unas cubiertas tejidas. La clínica existía desde la década de 1970, y los anticuados paneles de madera me hacían sentir como si estuviera sentada en casa de alguna abuela en Wisconsin.

En mi primera visita una enfermera ofreció enseñarme mi cérvix en un espejo. Estaba nerviosa y por un instante también escéptica, pues nunca antes lo había visto (sólo estaba familiarizada con mis capas exteriores), pero acepté. Sabía que no debía tenerle miedo a mi propio cuerpo. Después de todo, era feminista.

—¿Ves? Rosa y sano —dijo sonriendo. A pesar de la infección, mi vagina parecía estar en buen estado.

—Qué bueno —dije con demasiado entusiasmo—; ¡guau!

La verdad es que estaba sobresaltada. Quería sentirme empoderada, pero era como asomarse a una húmeda cueva extraterrestre.

Ahí supe que el drama no era más que una candidiasis. Ese fue el primer diagnóstico. No recuerdo qué me recetaron aquella vez. Parecía un problema sencillo de fácil solución… hasta que se negó a desaparecer. Por primera vez en mi vida me familiaricé con mi vulva. La examinaba atentamente en el espejo todos los días, esperando que volviera a la normalidad, pero, como antes de aquello nunca la había mirado, ni siquiera sabía bien a bien qué era lo normal. Mi vagina era para mí un misterio; pensé que ya iba siendo hora de echarle un buen vistazo. *Tantos pliegues.*

Después del diagnóstico inicial, por varios meses probé todo medicamento y remedio posible para que la comezón y el flujo desaparecieran: ungüentos y tabletas que se venden sin receta, y probióticos que además de administrar vía oral me insertaba en la vagina. Algunas veces hasta me metí unos dientes de ajo crudo, y lo único que logré fue oler a ajo. No es una situación muy sabrosa que digamos. Subí la apuesta y saqué múltiples citas con mi médica general, pero ella no tenía idea y sólo siguió recetándome las mismas medicinas una y otra vez. A mis amigas les decía que habría vendido mi alma al diablo para cambiar de chocho. ¿Era posible obtener un trasplante de vagina? ¿La ciencia ya lo había conseguido?

Cuando perdí toda esperanza con mi médica general, saqué varias citas más en la Clínica de Mujeres de Chicago. Me recetaron un antimicótico oral y cuando lo entregué en la farmacia me aguanté la respiración, como si ese papel contuviera no sólo mi medicamento sino todos mis sueños y esperanzas.

SALÍ CON JOSÉ (y uso muy libremente el término *salir*) de manera intermitente a lo largo de varios meses. Todo ese tiempo tuve tanto miedo de agarrar una infección de transmisión sexual que nunca me acosté con él, ni siquiera cuando mi vagina estaba sana y deseosa. Él me gustaba, y yo de verdad quería ser libre como el viento, pero mis constantes problemas vaginales me tenían en un eterno estado de ansiedad. La idea de tener algo descompuesto en la entrepierna me hacía cerrarme, ¿me explico? Podíamos estar besándonos y manoseándonos y cuando llegaba al precipicio le daba un jalón a mi deseo y me iba de su casa con una palpitación entre las piernas.

Toda la vida me habían enseñado que ceder a la tentación me convertiría en una fácil y ordinaria, como las chavas sobre las que me habían advertido: las que se delineaban mucho los ojos y se pintaban los labios de color oscuro y acababan embarazadas antes de la graduación. En teoría, yo anhelaba liberarme sexualmente, tomar las riendas de mi propio cuerpo, ser una mujer a la que tienen muy sin cuidado la tradición y las normas de género, pero aún no entendía la compleja trama de sexualidad y vergüenza para una latina, y para mí en específico. Por un lado, creces con mujeres hermosas en la televisión de habla hispana que sacuden sus chichis con orgullo, y por el otro tienes a una mamá que te dice pestes si te atreves a rasurarte las piernas antes de cumplir quince. Es confuso.

Así, pues, José y yo pasamos varias veces por la rutina de estira y afloja hasta que se cansó de mí y el Día de San Valentín rompió con lo que fuera que estuviéramos haciendo. El tipo vivía en el sótano de la casa de su madre y tenía hijos con dos mujeres; aun así, su rechazo fue doloroso.

El verano después de la universidad, José murió en el Lago Michigan. Supe que estaba nadando con sus amigos y ya nunca salió a la superficie. Sospeché que estaría borracho y drogado, dado que nunca lo había visto sobrio. Creo que las últimas palabras que le dije fueron "Vete al carajo".

Fui yo sola al velorio y me senté hasta atrás, porque ¿cómo explicaría quién era yo? "Mucho gusto, soy la chava que no aflojaba y vine a dar el pésame".

HOMBRES IBAN Y VENÍAN, pero la infección seguía ahí. Era tenaz; tenía empuje y agallas, motivos ocultos. Desaparecía y luego volvía con más ganas. Seguí yendo a la Clínica de Mujeres de Chicago por varias semanas; me daban toda clase de tratamientos. En una de aquellas visitas me permitieron ver mis cultivos vaginales bajo el microscopio. El portaobjetos estaba lleno de unas figuras malva que parecían ramas. Eran casi hermosas, como la pintura abstracta de un prado. Finalmente me encontraba cara a cara con el enemigo. "Hijo de puta", dije entre dientes.

En otra visita me aplicaron violeta de genciana, y, por varios días, cada vez que orinaba se filtraba un poco y el agua del escusado adquiría un hermoso tono morado. Para mi decepción, lo único que hizo fue mancharme la ropa interior y hacer más memorables mis visitas al baño.

Tras meses de remedios y medicamentos fallidos, reduje el azúcar y los carbohidratos de mi dieta. Fue para mí una decisión dolorosa, porque significaba que no podría beber alcohol, que era la única manera de socializar que conocía. Las noches que salía con amigos bebía para ahogar la ansiedad y la depresión que siempre acechaban en los arbustos de mi mente. Bebía hasta que literalmente ya no podía pensar, hasta que mi cuerpo se sentía suave, tibio, libre y todo era divertido hasta que dejaba de serlo. Anhelaba chapotear en una inconciencia temporal. El costo de todo eso, sin embargo, era despertar con el cerebro recubierto de púas y un desaliento existencial que me dejaba prácticamente comatosa mientras veía repeticiones de *Sex and the City* por horas y horas.

La pancreatitis que me dio después de haber estudiado en México el verano anterior había sido resultado de este comportamiento. Por supuesto que en ese entonces yo negaba enfáticamente que hubiera alguna relación. Cuando el médico que me atendió en el hospital insistió en que le dijera si bebía mucho alcohol, me hice la ofendida. ¿Qué tenía que ver mi dolor de páncreas con el mezcal que chupaba todas las noches? ¡¿Cómo te atreves, médico experto?!

Además de limitar mi libertad, la vida sin carbohidratos era cara. De repente tuve que canjear la pasta y los hot cakes por verduras y proteínas, y era una negada para prepararme cualquiera de esas cosas. A veces iba a un buffet de ensaladas a la hora de la comida y me aguantaba la respiración en la caja mientras pesaban mi plato.

De vez en cuando decrecía la infección por un tiempo y me ponía tan eufórica que me daban ganas de organizar una cena para celebrar su partida. Cuando, inevitablemente, volvía, pensar en ella me carcomía. Como cualquier cabeza de chorlito mal informada con acceso a internet, me la pasaba googleando las causas de la candidiasis persistente y terminé por enterarme de que las dos causas más comunes eran la diabetes y el VIH. Sabía con toda certeza que no tenía diabetes, así que me convencí de que, aunque siempre había usado condones y no estaba en una población de alto riesgo, tenía VIH e iba a morir de sida, para gran vergüenza de mi familia. Esos pensamientos catastróficos eran resultado colateral de mi tendencia a inventar historias ridículas, complicadas y, en este caso, totalmente ignorantes, y creerlas a pie juntillas. La primera vez en la vida que me masturbé estaba segura de que Dios me había visto y de que ardería en las llamas del infierno. Cuando empecé a salir con hombres, pensé que podía estar embarazada después de haber fajado con la ropa puesta y poco más con un conocido. Aunque no había habido penetración, me convencí de que un feto estaba creciendo en mi interior y de que mi vida estaba acabada gracias a las restricciones de aborto para menores de edad en el estado donde vivía. Sobra decir que la educación sexual que recibí era malísima, a base de inspirar culpa y miedo. Se esperaba que todos practicáramos la abstinencia, con lo que el servicio de guardería para hijos de estudiantes de nuestra escuela resultaba bastante irónico. No recuerdo haber aprendido mucho sobre anticoncepción. La mayor parte de mi conocimiento venía del programa de radio *Loveline,* que escuchaba en secreto todos los domingos en la noche. La pésima educación sexual, combinada con mi imaginación desbocada y mi paranoia, era suficiente para hacerme creer que las relaciones sexuales me iban a matar.

EL OTOÑO SE HIZO INVIERNO y luego primavera, época en la que los chicagüenses empiezan a salir de sus cuevas, marchitos pero esperanzados. Fue entonces cuando me armé de valor para hacerme una prueba de VIH en la Clínica de Mujeres de Chicago. De todas formas ya estaba ahí para que volvieran a revisarme la vagina, así que qué más daba. Después di un paseo por el barrio, disfrutando el sol, las flores abriéndose, los árboles. *Todo va a estar bien*, me tranquilicé.

Pero yo prácticamente no sabía lo que era estar bien. Eso fue antes de que estuvieran disponibles las pruebas veloces consistentes en un piquete en el dedo, así que tuve que esperar toda una semana antes de volver a la clínica por los resultados. No recuerdo mucho de esa semana fuera de que me pareció eterna y me dio por imaginar obsesivamente un resultado positivo. Sabía que si tenía VIH, no sería valiente. No sería de esas personas que usan su tragedia personal para empoderar a otras. Yo me vendría abajo y me sumiría en un fango de sufrimiento y autocompasión. Yo no era ninguna heroína.

La mañana de mi cita fui en coche con mi amigo Lawrence, a quien meses antes había acompañado a que le dieran los resultados de su prueba. Me recuerdo subiendo las escaleras tomándolo de la mano. Estaba temblando y sentía como si las piernas no me fueran a soportar. "Ay, Dios", dije una y otra vez.

Le tocó a Dorothy, una de mis médicas favoritas, darme los resultados. Tenía un sentido del humor un poco irónico y una voz rasposa por años de fumar y también por lo que yo imaginaba que era una vida dura.

—Negativo —dijo, y sonrió, mostrando unos dientes largos y manchados.

Me dio un vuelco el corazón.

—Muchas gracias —dije y le di un fuerte abrazo. No sé qué tan comunes sean los abrazos en un escenario médico, pero ella amablemente lo devolvió.

DESPUÉS DE UNA CITA esa primavera, iba manejando de regreso a casa y tomé la vía rápida en la dirección equivocada. Siempre he sido despistada, ando en las nubes. Me había desviado tanto que terminé en el lado opuesto de la ciudad, cerca de un bar del North Side donde mis amigos me habían dicho que estarían tomando algo. Yo no había planeado ir, pero como ya estaba en la zona decidí pasar a saludar. Un hombre alto y atractivo llamado Sam estaba en el grupo. Parecía medio inteligente, así que al final de la noche le ofrecí aventón. Terminamos en mi departamento fajando y toqueteándonos. En esa época mi vagina estaba perfectamente bien, y aunque tenía muchas ganas de tener relaciones sexuales, estaba tan temerosa que me detuve para no ir más lejos. En mi imaginación, Sam y yo saldríamos algunas veces y yo, después de una cantidad respetable de tiempo, accedería a tener relaciones sexuales.

A la mañana siguiente no me invitó al café ni ofreció hacerlo, a pesar de que lo llevé a su casa y estaba bastante lejos. Además era un *mansplainer* y trató de explicarme qué era una columna jónica. ¿En serio? Amigo, yo también cursé Historia del Arte. Él era dos cosas que todavía no soporto en un hombre: ordinario y condescendiente. De todas formas seguimos viéndonos.

La consumación de nuestro endeble noviazgo semanas después fue… anticlimática. Yo finalmente estaba cediendo a mis impulsos después de una batalla con una candidiasis que había durado de otoño a invierno y seguía haciendo fugaces apariciones en los meses mucho más cálidos (¿no es increíble?: casi llegamos al año). Tanta agitación interna había cedido ante mi vagina palpitante y entusiasta y, al final, mi decepción fue de grandes proporciones. Sam, que tenía poco que ver con el deseo que me consumía, tampoco estaba a la altura. Yo tenía un apetito feroz y él no me ofreció más que unas sobras. Las relaciones sexuales fueron tristes no nada más porque el pene de Sam fuera increíblemente pequeño, sino porque no tenía ni idea de qué hacer con las manos, la boca o el increíblemente pequeño pene. No era ni generoso ni atento, e ignoraba la función del clítoris… o quizá le tenía sin cuidado. Fruncí el ceño y puse los ojos en blanco cuando me penetró por atrás. No sentí absolutamente nada.

FUE UN AÑO desenfrenado e impulsivo y también un año de estudios. Por suerte, aquella falta de motivación que caracteriza a los estudiantes de último año casi no me pegó. Estudiaba con frecuencia e iba a clases aunque hubiera dormido poco o estuviera tan cruda que me sintiera como un globo de fiesta desinflado (¿una nerd un poco zorra?; ¿una promiscua responsable?).

En mi vida siempre he deseado lo imposible; mis sueños son descaradamente irrazonables. Mi futuro era incierto, pero yo sabía que viajaría y escribiría a como diera lugar. Me postulé para una beca Fulbright en España y tres programas de maestría en escritura creativa, e inicié un proceso de selección en el Peace Corps. Esa primavera también me iniciaron en la Sociedad Phi Beta Kappa y recibí el premio de poesía para estudiantes de licenciatura. Estaba en el programa de estudiantes distinguidos e iba camino a graduarme con honores. No sabía qué pasaría, pero me sentía imparable.

Conservé mi empleo de medio tiempo en la agencia de seguros la mayor parte de mi último año. Como llevaba una vida de indigente, mis irrisorios ingresos me bastaban para vivir de manera independiente. Una tarde, sentada en mi escritorio, recibí un correo electrónico en el que se me informaba que había recibido la beca Fulbright. Quería gritar, pero no podía ni respirar. Me quedé viendo la pantalla, incrédula. Yo, Erika L. Sánchez, iba a vivir nada menos que en Madrid.

De pronto parecía que todo por doquier era prometedor, incluso entre mis piernas. Hacia el final de la primavera encontré la cura mágica para mi eterna infección: aceite de árbol de té. Tras seguir algunas instrucciones que encontré en línea para una ducha vaginal con el aceite, mi pobre vagina hecha polvo finalmente se recuperó. Estaba desesperada y había tratado de todo, incluso cosas que no había comentado con la doctora o la clínica. Era un palo de ciego, pero por alguna razón funcionó. Claro, había sido arriesgado, pero me había quedado sin opciones. Había estado dispuesta a recurrir a la astrología, por Dios santo. Quizá las estrellas sabían algo que yo no.

Me sentía como nueva; mi cuerpo ya no me desagradaba ni me daba miedo. Vivía con una exaltación recién descubierta: ¡El mundo era hermoso y todo era posible! A veces quería estirar los brazos y juguetear en las calles como tonta.

Sin embargo, unas semanas después regresó la incomodidad. La vulva me ardía tanto que a veces era doloroso sentarme. Me preguntaba qué había hecho para merecer eso. ¿Por qué no me dolía mejor el codo o alguna otra cosa? ¿Qué clase de castigo kármico era eso? ¿Por qué Dios me odiaba tanto? Regresé con mi médica general para ver si podía resolver ese nuevo misterio. ¿Por qué estaba tan adolorida si la infección se había ido? Había perdido casi toda mi fe en ella, pero no sabía cómo encontrar otra médica con el seguro de mis padres. Además temía exponerme si buscaba con mucho ahínco.

Ese día el enfermero tenía cierto encanto de blanco desabrido y me daba vergüenza hablar con él de mis adoloridas partes pudendas. Sentí alivio cuando salió de la sala. Mi médica me examinó y me dijo que sospechaba que podía ser herpes. Di un grito ahogado. Yo nunca me había siquiera planteado esa posibilidad. La odié en ese momento: su pelo rubio, sus rasgos afilados, la mirada sentenciosa en sus ojos. Me puse a sollozar sobre la mesa de exploración. Ella no tenía idea de qué decirme, así que salió disparada del consultorio y mandó de regreso al enfermero a que me sacara sangre.

Ese día no funcionaba el aire acondicionado de mi carro, así que manejé a mi casa llorando y sudando bajo el insoportable calor de Chicago. Luego, en medio de una calle transitada, sentí que se me ponchaba una llanta; fue entonces cuando en verdad perdí el control. Tenía la cara chorreada de sudor, mocos y lágrimas. Me orillé y seguí sollozando con la cara entre las manos, asándome adentro del coche. Estaba prácticamente confirmado: yo era una guarra.

Quienes crecemos con una vagina tenemos que soportar todas las agresiones verbales que se dirigen a nuestros cuerpos. En español, algunos términos para nombrar la vagina son "la cochinada" y "la vergüenza". Aprendemos que nuestras partes más íntimas son intrínsecamente sucias, que son lugares de pecado y degradación. Cuando empezamos a sangrar se nos hace creer que nuestros cuerpos expulsan unos desechos repugnantes, y debemos vivir eso en completo silencio para no molestar a los peneportantes del mundo. Cuando me llegó la primera menstruación estaba tan confundida que miré las manchas cafés de mi ropa interior y pensé que me había cagado encima. Nunca esperé que mi sangre menstrual fuera tan oscura. Incluso cuando entendí que era sangre, estaba tan avergonzada que no quería decirle a mi madre. Cuando al fin lo hice, me dio una toalla con alas del tamaño de un avión pequeño y me quedé varias horas sentada en mi recámara sintiéndome humillada.

MI MÉDICA SE había equivocado con lo del herpes. Regresé una vez más a la Clínica de Mujeres de Chicago, y en esa ocasión Dorothy me diagnosticó vestibulitis vulvar, una forma de vulvodinia, que es básicamente dolor crónico en la vulva, sin una causa identificable.

—¿Pero por qué duele? —pregunté—. ¿Es otra infección?

—No. Mira: están estos puntos sensibles. Eso es lo que está causando la sensación de ardor.

Me dolió cuando Dorothy los tocó suavemente con un hisopo para mostrármelo. Algo andaba mal con mis nervios.

Le pregunté por opciones de tratamiento y me informó que la vulvodinia estaba muy poco estudiada y que no había una cura garantizada. Suspiró y puso una sonrisa forzada. Sabía que lamentaba no poder ayudarme. Para entonces, entre Dorothy y yo se había formado una relación cercana. Se había vuelto la persona más familiarizada con mi vagina. Yo le tenía un gran afecto; era como una tía franca y cariñosa.

Sin saber qué diablos hacer conmigo, Dorothy, tan generosa, me mandó a una clínica de acupuntura gratuita. Ahí una mujer me atacó con agujas que mandaban pequeñas descargas por todo mi cuerpo. Me recetó menjurjes herbales chinos con sabor tan amargo que me estremecía al engullirlos. Pero tampoco eso funcionó.

Recuerdo la primera vez que oí hablar del origen de la histeria, o del "útero errante", de acuerdo con los antiguos griegos. Me reí al imaginar mi matriz flotando dentro de mí cual espectro. Mi experiencia encajaba en aquella tradición arcaica. El dolor de las mujeres siempre se ha simplificado y despreciado. Lo que no se entiende, cómodamente se asigna a lo etéreo.

Ese año nadie sabía qué hacer conmigo. Mi dolor era un fantasma.

UN DÍA A PRINCIPIOS DE JUNIO atravesé el escenario con toga y birrete y los cuatro años anteriores parecieron evaporarse. Aún faltaban algunas semanas para mi viaje a España y estaba más lista que nunca para vivir. Una noche salí y me puse a bailar sola en un club de reggae, relajada y sudorosa con una camiseta sin mangas barata y una falda de mezclilla deslavada. Estaba un poco drogada porque había fumado yerba con un tipo guapo de rastas en el fondo del bar que no respondió a mi coqueteo. Derrotada, me tomé una cerveza y bailoteé con los ojos cerrados hasta que un desconocido de piel oscura se puso a bailar junto a mí.

Me la pasé buscando con la mirada, entre los cuerpos húmedos que abarrotaban el espacio cargado de humo, a la amiga que me había acompañado esa noche, pero no la veía por ningún lado. Seguí bailando y no le hice caso al hombre. Al final de la noche me pidió mi teléfono; en ese momento me di cuenta de que era guapo: piel de un intenso café rojizo, casi cobre; sus ojos oscilaban entre el verde y el color avellana, y sus pómulos eran absurdos. ¿Y qué? Yo me iba a Madrid al final del verano y no me interesaba iniciar una relación romántica. Sacó un teléfono tan tosco y anticuado que me dio pena ajena. Parecía una reliquia de los noventa que gracias a la cinta adhesiva no se caía a pedazos. Nunca he sido materialista, pero ¿cómo iba a tomármelo en serio? Entonces le di un número equivocado. Pero entonces él lo borró accidentalmente y me lo volvió a pedir.

ABDUL ERA INMIGRANTE de Paquistán y me llevaba diez años. Como musulmán supuestamente practicante, le escandalizaba mi estilo de vida, a pesar de que los dos estábamos borrachos cuando nos conocimos en el bar. Yo infinidad de veces señalé esa ironía, y él siempre encontró el modo de justificar su conducta. Era un hombre, después de todo.

Yo no quería que me gustara (me desagradaba su manera de juzgarme y no soportaba sus posturas atrasadas sobre el género) pero al cabo de unas semanas me enamoré de él (¿o me obsesioné con él?) con una desesperación del todo desconocida que me tragó en sus glotonas fauces. Nunca en la vida había deseado a nadie de manera tan estúpida, y me aterraba. Me recordaba un personaje de la novela *Cien años de soledad,* tan salvajemente enamorada que comía tierra. Así de grave.

El dolor de vulva había disminuido casi por completo, así que pasamos el verano peleando y cogiendo. No me tomó todo el verano, sin embargo, sospechar que algo andaba mal. No: las primeras señales llegaron pocas semanas después de conocerlo. Cada vez que le pedía que me enseñara dónde vivía tenía alguna excusa, ya fuera sobre el compañero de departamento o sobre unas restauraciones. Cualquier idiota se habría dado cuenta en el acto, pero mi cabeza no estaba bien: me bastaba mirarlo para quedarme sin aliento.

Una noche me entrometí; insistí en ver su departamento y Abdul finalmente me confesó que estaba casado. Por supuesto. Tendría que haber sido evidente desde el principio, pero los orgasmos me habían nublado el sentido común.

Según Abdul, se había casado con una mujer estadounidense de origen paquistaní a la que había conocido para obtener una *green card*. Supuestamente sería un arreglo transaccional, pero la había dejado embarazada sin querer. Su hijo tenía tres años y su esposa era esquizofrénica, así que tenía miedo de dejarla. Nunca supe cuánto de eso era cierto.

Su revelación me envolvió en una mezcla de rabia y tristeza. Ahí estaba él, juzgándome por ser una mujer disipada y al mismo tiempo rogándome que no me fuera a España, y el hijo de la chingada estaba casado. Todo lo que recuerdo de esa noche es que lloré tanto que se sintió como ejercicio aeróbico.

Cuando al día siguiente les dije a algunas amigas la verdad sobre Abdul, se quedaron horrorizadas. Yo también lo estaba, claro. De todas formas, no estaba lista para dejarlo. Mi mente no podía ajustarse a la nueva realidad o a quedarme con él conociendo la verdad. ¿Qué clase de persona se vuelve la amante voluntariamente? ¿Qué clase de pendejada vergonzosa estaba haciendo? ¿En quién me había convertido?

—En realidad no te ama —me dijo una amiga, y yo quería creerle. Estaba de acuerdo en que toda la situación era tóxica, pero también me sentía a la defensiva, porque ¿ella cómo podía saberlo? Estaba muriéndome por dentro. Todo lo que quería era que dejara a su esposa para estar conmigo. Pensaba en el cuento "De qué hablamos cuando hablamos de amor", de Raymond Carver. En él, uno de los personajes insiste en que la relación de abuso que tiene con su ex novio es una forma de amor. Aunque él la arrastra tomándola de los tobillos y trata de matarla, ella se mantiene firme en su creencia. Yo siempre comprendí su perspectiva porque en aquella época estaba convencida de que amaba a ese hombre. No consideraba que nuestra diferencia de edad lo ponía a él en una situación de ventaja ni que su deseo por darme órdenes sobre algunos aspectos de mi vida pudiera llamarse maltrato. Para mí, éramos los amantes desventurados de una novela. Éramos épicos, éramos trágicos.

La primera vez que Abdul me dijo que me amaba fue después de uno de nuestros numerosos pleitos. Empezó en un club nocturno del centro. Hizo algún comentario sobre el (exiguo) trasero de una mujer para provocarme, y funcionó. Exploté. Le exigí que me llevara a mi casa y le fui gritando en el coche todo el camino. Nos peleamos afuera de mi departamento.

En algún punto, exasperada, me aparté. No podía creer estar teniendo una discusión tan estúpida.

—Te amo, ¿sabes? —me dijo.

No le contesté que yo también.

ABDUL ME ADORABA y a la vez me trataba como la mierda. Creo que éramos adictos el uno al otro. Podía decirme que nunca más quería volver a verme para luego darse la vuelta y proclamar cuánto me amaba y darme preciosos regalos. El más memorable fue un *salwar kameez* anaranjado y magenta que usé en mi cena de despedida al final del verano. Cortamos innumerables veces, pero siempre alguno cedía y terminábamos teniendo relaciones sexuales de antología. Una vez lo hicimos en el suelo del edificio de departamentos de un amigo suyo... otro coito postpleito provocado por alguna riña que ya olvidé. Sólo me acuerdo de la lluvia y de que sonaba en el radio "Come Undone" de Duran Duran.

AL CABO DE NO MUCHO TIEMPO, el dolor regresó. En medio del verano estaba tan cansada de mi vulva adolorida que agarré el coche y fui a la sala de urgencias del hospital público de Cook County y me senté con la gente de aspecto más triste de todo Chicago. Esperé horas y horas a que me atendieran. No quería que mis padres recibieran la cuenta de hospital por una visita a urgencias, así que opté por la atención gratuita. No tenía la más mínima intención de explicarles que tenía rota la vagina.

Normalmente me oponía a que me atendiera un hombre, pero esa noche estaba tan adolorida que cuando un ginecólogo entró al consultorio no me importó. *Arrégleme y ya, por favor,* pensé. El doctor, un hombre negro amigable de treinta y tantos, conversaba sobre temas triviales mientras me examinaba. Le dije que acababa de graduarme y cuando me preguntó qué planes tenía le hablé de la beca Fulbright y de mis intenciones de pasar el siguiente año en Madrid. Estaba tan impresionado que fue con sus colegas y les contó la buena noticia.

—¡Esta jovencita acaba de ganarse una Fulbright! —exclamó—. ¿Lo pueden creer?

Fue un momento raro, que me felicitaran por los logros académicos y yo con las piernas abiertas y los pies en los estribos.

Sonreí amablemente y deseé que lo que fuera a recetarme me curara.

No me curó.

Al día siguiente me reporté enferma en el trabajo y Abdul me llevó una pizza en su hora de comida. Me senté en el sillón a comer con las piernas abiertas. A veces era tan lindo y amable que casi le perdonaba lo demás.

A principios de septiembre me fui a España. Esa mañana Abdul me apuraba mientras yo corría de un lado a otro de mi cuarto patas arriba con tal frenesí que tiré una vieja botella de cerveza de quién sabe cuándo. Si bien anhelaba un cambio y no quería nada más que ver el mundo y escribir, estaba muerta de miedo. Me despedí de mi primer departamento con un dolor en la garganta. Era húmedo y triste, pero no podía creer que nunca volvería a vivir ahí.

Al final, Abdul y yo terminamos. Yo en el fondo sabía que eso iba a pasar, no era tan ingenua. Pero al principio iba a España a visitarme y teníamos relaciones sexuales a morir. Al atardecer tomábamos un camión a Granada. Yo me sentaba en su regazo, veía el cielo y me sentía casi profanada de felicidad.

Siete años me acompañó el dolor; estuvo conmigo de manera intermitente hasta poco antes de los treinta. A veces casi no podía ni sentarme, a veces lloraba llena de frustración. Agregué más médicas a la rotación, hasta que una finalmente me recomendó algo totalmente novedoso: fisioterapia. Pensé que estaba loca. ¿Cómo podría la terapia curar ese dolor abrasador en la vulva?

—¿Está segura? —le pregunté—. No le veo mucho sentido —dije sacudiendo la cabeza y mirándola.

Después de años de ensayo y error, no imaginaba que nada fuera a funcionar, ya no se diga algo tan fuera de lo común. Acepté la fisioterapia, pero me armé de mi cinismo característico. Estaba lista para llevarme otra decepción. En la primera cita me senté en la mesa de exploración con las piernas un poco abiertas mientras Whitney, mi fisioterapeuta, suavemente me estiraba los tensos músculos vaginales con los dedos. Me sobresalté al sentir un dolor casi placentero, no en un sentido sexual, sino como el que se siente cuando un masajista te deshace un nudo perseverante en la espalda.

Whitney me explicó que mi cuerpo había aprendido a guardar el estrés nada menos que en la vagina. El síndrome del coño asustado, me gusta decirle. Mi vagina estaba traumada; había visto muchas cosas. A lo largo de varias semanas, Whitney me enseñó ejercicios para aflojar las piernas, las caderas y la pelvis. La tensión había migrado a otras partes de mi cuerpo y se había vuelto una red continua. Una vez a la semana aguantaba la respiración durante los estiramientos; dolía, pero me ayudaban a soltar lo que parecían estragos de muchas vidas. Tanto la angustia como el escepticismo finalmente empezaron a deshacerse. Aunque no hubiera nada malo, mi vagina se preparaba para el sufrimiento. Tenía que enseñarle a no hacerlo.

YA NOS CARGÓ EL PAYASO

A la gente blanca le disgusta mi risa. Una vez una amiga la describió como reclamo. Una le dice la "señora cacareo". Otra dice que suena a grito mexicano, que probablemente sea la razón por la que a los blancos les sobresalta. *Oh, no, ¡una mexicana entre nosotros!* Es un hecho que me río en español, y no puedo negar que es penetrante. Hace unos años, con una amiga en un restaurante de Belice, dos familias blancas estaban a todas luces incómodas con mi risa, así que me reí más fuerte aún y me puse a aplaudir como foca.

En una ocasión, un compañero de trabajo insistió en que mi risa me hacía sonar como señora rica, como si estuviera burlándome de niños hambrientos y andrajosos con guantes sin dedos. Puede oírse a lo lejos, y mis amigos saben si estoy en una fiesta aunque no me hayan visto. Más de una vez he sufrido la cólera de los asistentes a películas o espectáculos, y simple y llanamente he hecho que mucha gente sentada a mi lado se cague de miedo. Una de esas veces estaba junto a un tipo insufrible con la gorra al revés en un show de teatro improvisado. Me echó tales miraditas aborrecibles a lo largo de la función que nos pusimos a discutir y casi le doy un puñetazo. Sí, es cierto que estaba yo echándome unas señoras risotadas, pero era una maldita comedia, no *La lista de Schindler*. ¿Qué debía hacer? Pero eso es lo que pasa con la risa: cuando es auténtica, no es que puedas controlarla. A mí tampoco me gusta mi voz necesariamente. Cuando canto, es una insólita combinación de la Rana René y Whoopi Goldberg, un rasgo que heredé de mi madre (*¡Gracias, mamá!*), pero no es algo que yo haya elegido. Tendré que cargar con mi cruz.

LOS MEXICANOS BROMEAMOS como si fuera nuestra obligación moral. Creo que eso es lo que pasa cuando estás acostumbrada a pasar apuros. Para sobrellevar la situación y mantener la calma recurrimos al humor. Para mí, la gente más oprimida, sin lugar a dudas, es siempre la más divertida. No tengo pruebas empíricas para demostrar esta afirmación, pero es cierta. "La gente pobre se ríe más fuerte que la gente rica —dijo Chris Rock en una entrevista—. Sobre todo la gente negra: ellos se ríen hasta con los pies".

También los mexicanos se ríen con todo el cuerpo. A quien no esté familiarizado con mi gente, probablemente le sorprenderán nuestras bulliciosas reuniones. Nos entregamos a ellas por entero. Cuando mi familia se reúne, hay ruido y sudor. A veces me río tan fuerte que casi no puedo respirar. Lloro y aplaudo, sacudo la cabeza con incredulidad y pataleo. Cuando tenía ocho años, literalmente me oriné en los calzones después de que un tío contó un chiste… quién sabe de qué, me gustaría recordarlo. Salí de la sala como bólido para ir al baño, pero fue demasiado tarde. Todo mundo supo lo que me había pasado; de allí en adelante, mi tío se refirió al incidente como "el Big One", el grande, en alusión al hipotético terremoto en la Falla de San Andrés. También eso me hacía reír.

NO HAY NADA QUE romantizar de la pobreza, pero cuando eres pobre no tienes ninguna obligación de darte aires. En la cultura mexicana hablamos libremente de la pobreza, y no nada más de un modo clínico. El arte que se centra en la pobreza es un lugar común. En México las divisiones de clase son extremas, mucho más pronunciadas que en los Estados Unidos. Lo que, sin embargo, es similar es que los pocos de hasta arriba son tradicionalmente blancos, o casi, mientras que el resto del país, los más oscuros, se esfuerzan para simplemente sobrevivir. Como pueblo, tenemos que encontrar humor y significado en medio de la opresión, para que no nos venza.

Piénsese en *El Chavo del Ocho*, el gustado programa de comedia de Chespirito, con su personaje protagónico, un niño, representado por un hombre de mediana edad, que vive literalmente en un barril y cuya única meta en la vida es comer una torta de jamón. ¡Una torta! Considérese también el *stand-up* de George Lopez, dedicado casi enteramente a explorar su infancia empobrecida. La primera vez que oí su comedia me hizo gracia su escena sobre las salchichas con tenedor, ¡porque yo también comía salchichas con tenedor!

Y tenemos también, por supuesto, a Cantinflas, de quien podría decirse que es el personaje cómico mexicano más querido de todos los tiempos: un tipo parlanchín de clase trabajadora que simplemente trata de sobrevivir. Sus interacciones con los ricos son particularmente cómicas y son ideales para ejemplificar lo absurdos y desconectados que pueden ser. Uno de mis recuerdos favoritos de la infancia es estar viendo una escena de Cantinflas en la playa untándole cátsup en la espalda a una desprevenida mujer blanca y rica que por supuesto da por sentado que es bronceador. Qué pendeja.

Mejor reírte de lo absurdo de tu vida que resignarte a sufrir todas las desgracias. La risa es una hermosa forma de resiliencia que pone de manifiesto un espíritu generoso. Sin embargo, a veces me pregunto: ¿es un acto valiente encontrar dicha en medio de la desesperación, o simplemente es parte de ser humano? ¿Tiene alguna importancia?

A lo largo de mi vida he observado que la gente que tiene menos tiende a ser la que más da. Un viaje a cualquier país en desarrollo lo demuestra. La hospitalidad de la gente en esos escenarios es apabullante. Me doy cuenta de que puedo sonar paternalista e insensible al romantizar al proletariado, pero esa ha sido mi experiencia. No me malinterpreten: nadie merece ser pobre; es una vergüenza para la humanidad. Pero el hecho es que, con frecuencia, la necesidad fomenta la creatividad y la generosidad. Es parte de la supervivencia. Creas una red con lo poco que tienes.

Una vez viajé con mi novio (que luego se hizo mi esposo y luego mi ex esposo) a las montañas de Nicaragua, donde unos campesinos pobres nos alimentaron generosamente. Cuando vimos dos escuálidas piernas de pollo acompañando el desayuno tradicional de arroz con frijoles, tuvimos la firme sospecha de que la familia había matado al pollo para nosotros esa mañana, cosa que para ellos era un sacrificio.

Como yo había vivido esa clase de generosidad al visitar a mi propia familia en México, estaba segura de que así había sido. Mi familia, que sobrevive con un pequeño puesto en el que sirven menudo y con la ayuda de quienes vivimos en los Estados Unidos, da de comer a quien sea que tenga hambre. Mi abuela una vez alojó al hijo de un familiar a pesar de los apuros que pasaba para alimentar a sus propios hijos.

Nuestro sentido del humor, crudamente honesto, me hace agradecer el hecho de haber nacido mexicana. Cuando era niña, mi familia, en la que casi todos eran obreros, al trabajo le decía "la chinga". ¿Qué puede ser más honesto que eso?

Gran parte del humor mexicano se basa en lo que parecen observaciones crueles sobre la apariencia física de una persona. A la gente de fuera puede parecerle grosero, pero para mí, es una prueba de que no hacemos como si las cosas no existieran. No tenemos la paciencia para andar a tientas. Una familia mexicana te dice las cosas en la cara, mientras que una familia blanca lo que probablemente hará será esperar a que te vayas, al menos por lo que he observado. A mí en lo personal me gusta saber a qué atenerme en lugar de que alguien ande hablando a mis espaldas (dímelo de frente, Susan). Si estás muy calvo, por ejemplo, con toda seguridad los mexicanos te dirán "pelón". Yo por mucho tiempo creí que así se llamaba mi tío. La calvicie es un hecho que reconocemos abiertamente, y con frecuencia el término se usa de cariño. Una de las muchas veces que fui a México conocí a un niño al que apodaban el Mal Hecho. El apelativo no parecía perturbarlo mucho que digamos. Era un chavito corpulento con corte de hongo que se lo tomaba todo con calma. En otra visita oí hablar de un hombre del lugar al que llamaban Gorduras (¡así, en plural!). Tenía la certeza de que tampoco él se lo tomaba a mal. Estoy segura de que les habían endilgado esos apodos desde que eran niños, y probablemente eran dos de los personajes más queridos del pueblo.

En un viaje a México, hace unos años, mi tía me contó la historia de una mujer a la que le decían la Culpa.

—¿Por qué le dicen así, tía?

—Porque nadie se la quiere echar —explicó.

Casi escupo lo que estaba tomando. Era un gran juego de palabras. Les aseguro que no es cruel. Sencillamente es la sensibilidad mexicana (no sé si los mexicanos ricos funcionen igual, porque la cultura de la clase alta mexicana me es tan ajena como Tayikistán).

Sospecho que las feministas blancas se indignarían con esta clase de bromas y les parecería perjudicial para la imagen corporal de una niña mexicana porque le provocaría trastornos alimenticios y cosas así. Sé que las experiencias varían y que las bromas pueden ser casi mezquinas, pero parte de mí agradece haber crecido así. Puede parecer antiintuitivo, pero esas bromas despiadadas sobre el físico en realidad le quitan a este su importancia de sana manera. Aprendí a aguantar las críticas sobre mi apariencia y la de otros porque tampoco eran tan serias. También cultivé un ingenio mordaz como consecuencia de tener que devolver los insultos en el acto. Sobre todo, adquirí la habilidad de burlarme de mí misma, y no por odiarme sino como una manera de sobrellevar el dolor de ser una persona. Lo que más me jodió no fueron las bromas sobre mi boca enorme sino que en la televisión se promoviera a mujeres blancas escuálidas como epítomes de la belleza y que mi abuela me dijera gorda a los once años porque me encantaban los sándwiches de Mr. Submarine y no lo sabía disimular… Y luego la dieta a la que me puso mi madre como resultado de eso.

Me he convertido en algo así como una estudiosa del humor, y del puñado de libros que he leído sobre el tema, uno en particular tiene algunas enseñanzas que parecen coincidir con lo que siempre he observado. El libro se llama *The Humor Code*. En él, los autores Peter McGraw y Joel Warner buscan la fórmula humana del humor. ¿Qué hace que algo sea chistoso? Es algo que llevo tiempo preguntándome. ¿Por qué vivimos en un mundo en el que, por ejemplo, alguien a quien le gusta Carrot Top va por la vida con toda libertad? ¿Hay algún común denominador para el humor a través de las diferentes culturas? ¿Los chistes sobre penes son universales?

El libro sostiene que los comediantes son como antropólogos en el sentido de que tienen la capacidad de ver más allá de sí mismos y ser empáticos con personas que son diferentes; razón por la cual, según dicen los autores, gente de otras etnias y otras culturas ha tenido éxito en la comedia. También se refieren a lo que W. E. B. Du Bois llamó la "doble conciencia" o "dualidad". Como eres "otro", tienes diferente perspectiva, la capacidad de ver cómo encajas en nuestra complicada trama estadounidense. Cuando estás en las márgenes, tienes perspectiva para entender el panorama general. El humor requiere una honda conciencia de la cultura y la naturaleza humana. Ves dicotomías y contradicciones. El distanciamiento te da una perspectiva singular. Como persona bicultural, esto para mí tiene todo el sentido del mundo. Gran parte de mi escritura, mi cosmovisión y mi sentido del humor se basan en la incomodidad de estar fracturada.

Con frecuencia he tenido que considerar quién soy en muchos contextos, en especial los blancos. Hay una expresión en español: "Ni de aquí ni de allá". Es algo que muchos decimos cuando sentimos que no pertenecemos a ninguna de las culturas. Desgraciadamente, quien lo popularizó fue la India María, un personaje mexicano ficticio y estereotípico que debería avergonzarnos como pueblo. ¡Caray!

Siempre me he sentido fuera de lugar vaya adonde vaya. Desde chica entendí mi identidad de intrusa, y mi manera de llevar esta situación ha sido siempre escribiendo y riéndome de mis experiencias. De niña siempre me sentí una paria, una inadaptada, y una decepción para mi familia y mi comunidad mexicana tradicional. Yo era una agitadora feminista malhablada que se vestía de negro y siempre estaba metiéndose en broncas cuando percibía alguna injusticia. (Una vez llevé a un testigo de Jehová de mi escuela a Boy's Town, el barrio gay de Chicago, para demostrar que tenía la razón; con los ojos lo reté a que alegara algo.) Luego, ya más grande, solía ser una de las pocas personas de color en ambientes profesionales, a menudo la única mexicana. Gran parte de mi humor nace de sentirme apartada; lo mismo les pasa a muchos comediantes: por eso siempre son unos pinches cabrones.

Reconozco que me encanta hacer bromas raciales. Y me encanta hacerlas enfrente de gente blanca, que se retuerce de tan sólo oír la más inocua referencia a la raza. La incomodidad de sus rostros me da mucha satisfacción. Francamente, lo veo como una especie de reparación. Hace años, un hombre blanco con el que trabajaba estaba contando algo del todo inocente sobre nuestro compañero negro cuando me le quedé viendo y le dije a la defensiva:

—¡Ah!, ¿te refieres al tipo *negro*?

Pareció aterrarse, avergonzado de que sus intentos de eludir precisamente ese detalle quedaran expuestos. Probablemente pensó que iba a reportarlo a Recursos Humanos, hasta que solté una carcajada. A lo mejor soy mala persona.

Freud creía que el humor le servía a la gente para vencer sus inhibiciones, aliviar el estrés psicológico y manifestar sus miedos y deseos reprimidos. ¿Por eso hago tantos esfuerzos para que la gente blanca se sienta incómoda? ¿Me gusta verla sufrir? ¿Es para mí una manera de expresar cómo me siento por ser una persona de color en una sociedad tan racista? ¿Y qué diría Freud de mis bromas sobre ventosidades vaginales? ¿Será que secretamente me gusta expulsarlas? ¿Las temo? #PensamientosProfundos

Hablo, escribo y bromeo sobre lo que hay de malo en mí, o sea de muchas cosas. Soy sumamente malhumorada y sarcástica. Soy demasiado sensible, tengo las orejas chiquititas, me distraigo fácilmente, soy desorganizada. Soy de las que guardan rencores (y por mucho tiempo), tengo mal genio y tengo un pico de viuda que no tiene nada que envidiarle al de Eddie Munster. Además soy proclive a alcanzar los niveles de mezquindad de George Costanza (vete al carajo, profesor Hofer). La pereza es otro de mis defectos y, como cualquiera que luche con ella puede atestiguar, a menudo te impide ser tu mejor yo. Esta desafortunada verdad quedó de manifiesto cuando accidentalmente tiré al escusado el cepillo de dientes de mi compañera de habitación en un taller de escritura de verano a los quince años. Mi solución fue sacarlo, enjuagarlo y regresarlo a su lugar. ¿Por qué lo hice? No me daban ganas de ir al pueblo a comprarle uno nuevo, estaba muy lejos. No es que me cayera mal, sino que no quería lidiar con el inconveniente.

He vivido con depresión desde que era niña. Sospecho que ya desde el útero de mi madre estaba teniendo crisis existenciales. Ridiculizar mi enfermedad mental le quita poder sobre mí. A veces me refiero a mis episodios depresivos o a mis ataques de pánico como "los chiflados" y les digo a mis seres queridos que tengo que noquearme con pastillas para aprender a volver a ser una persona. La enfermedad mental no es algo que los mexicanos discutan con franqueza, pero a mí me resulta liberador admitirlo y controlar el relato (por consiguiente, soy la persona de la familia a la que otros le confiesan sus enfermedades mentales, ¡qué divertido!). Encontrar el humor en las cosas que me sacan de quicio confiere matices y complejidad a episodios que por otro lado no tienen más que dolor. Me gusta bromear sobre el trabajo que a los treinta y pocos literalmente me hizo querer suicidarme, por ejemplo. En 2014 tenía una chamba de relaciones públicas que me hacía tener que viajar a Nueva York con frecuencia. Mi jefa era una cabrona detestable. La presión laboral arrasaba con mi salud mental. Estaba tan deprimida que levantarme por un vaso de agua parecía inútil. ¡Maldita seas, agua! Pasé unos meses prácticamente catatónica, viendo *Gilmore Girls* varias horas al día. No puedo evitar reírme cuando, mirando atrás, considero que pensaba en maneras de suicidarme mientras Sookie St. James preparaba alegremente una frittata.

A veces mi honestidad molesta a la gente, igual que mi sentido del humor. Uno de mis mayores temores es ser violada. Me han agredido sexualmente de muchas maneras, y definitivamente hay hombres que han *intentado* violarme, pero nunca ha ocurrido, cosa que parece un milagro. Qué triste celebrar algo así. Entonces hago bromas sobre ese miedo. Muchas. Y sé que es difícil de creer, pero no a todo mundo le gustan los chistes de violaciones. Aunque puede parecer ofensivo y quizás un poco perturbador, lo hago para lidiar con el peligro de tener una vagina, de tener constantemente que evaluar a la gente y las situaciones según lo atemorizantes que me resulten. Una noche de peda, mi amiga y yo nos inventamos algo que llamamos la escala de violación.

Tenemos, por ejemplo, al tipo que se dedicaba a las finanzas con el que una noche salí a tomar una copa y que estaba determinado a emborracharme y a llevarme a su departamento cerca de ahí, porque supuestamente era "todo un caballero". A esa situación le pongo siete. Él realmente se empeñó, hasta que salí huyendo y me subí a un taxi. Tenemos también al amigo de mi novio a los quince años. Trataba de convencerme de que entrara a una recámara a "acostarme y descansar" en una tardeada de la secundaria en la que me puse hasta las chanclas. Eso se siente como un ocho. ¿Los dos hombres que violentamente me toquetearon una vez que me metí borracha a fisgonear en un club nocturno a los diecisiete? A esa le pongo nueve. Tuve que forcejear para quitármelos de encima y nadie me ayudó. Estaba también el novio que tuve a los treinta y tantos que reiteradamente me presionaba para tener relaciones sexuales en una posición que me hacía dar gritos ahogados de dolor, una que expresamente le dije que me hacía sentir violada. ¿Nueve? Y tenemos esa vez que un hombre me siguió de noche haciendo ruidos salivosos con la lengua hasta que entré corriendo a mi casa. Eso para mí que es un nueve. ¿Y aquel niño que me agarró violentamente de la entrepierna cuando iba yo caminando por el corredor de la escuela a los seis años? Esa está difícil. Definitivamente tiene rasgos de violación, pero el niño también tenía seis años. ¿Y dónde diablos aprendió a hacer eso? ¿A esa situación tengo que ponerle siete? Tenía mucho miedo pero no le dije a nadie. Y etcétera, etcétera. Ya se hacen una idea.

¿SABEN QUÉ COSA se está volviendo muy vieja? Discutir sobre si las mujeres son chistosas. ¿Ya podemos dejar eso atrás? Porque sí, somos divertidísimas. Que los hombres disfruten nuestro humor es otra cosa. ¿Cómo podríamos no ser divertidas si vivimos en este burdo mundo misógino? No nos lo vamos a tomar con filosofía, déjenme decirles.

Creo que la incomodidad de la gente frente a mi honestidad y mi humor tiene mucho que ver con el hecho de si yo, como mujer, tengo permiso de ser divertida o irreverente. A las mujeres no se les anima mucho a ser divertidas, porque la comedia se considera agresiva, masculina y amenazante. No es propio de una dama ser lista y hablar de asuntos "inadecuados". En lo personal, yo no titubeo para hablar de sexualidad o de funciones corporales, pero sé que a algunos hombres esta característica les parece poco atractiva, y entiendo que no sea la predilección de todas las mujeres. Además abundan los hombres con el sentido del humor de un caracol de jardín. El sexo no tiene nada que ver con eso.

Hay una teoría, basada en la psicología evolutiva, de que los hombres se esfuerzan más por acostarse con alguien, y el humor es decisivo en ese empeño. De acuerdo con esta teoría, el humor demuestra la inteligencia de un hombre, lo que lo convierte en alguien más atractivo para aparearse. Las mujeres tenemos que ser selectivas a la hora de elegir a nuestras parejas, porque la maternidad no es ningún chiste y necesitamos parejas confiables para aumentar las probabilidades de supervivencia de nuestros bebés. Así, mientras más chistoso sea un hombre, más probabilidades tiene de acostarse con una mujer. Supongo que eso tiene sentido, pero a mí me deprime. ¿No hay razones biológicas para que las mujeres sean divertidas?

Un estudio realizado en la Universidad McMaster y publicado en 2006 en *Evolution and Human Behavior* indica que el sentido del humor de las mujeres tiene a los hombres muy sin cuidado. En dicho estudio, los psicólogos Eric Bressler y Sigal Balshine les mostraron a 210 estudiantes universitarios fotos de "dos miembros igualmente atractivos del sexo opuesto", como sostiene a su vez un artículo de Science.org. Debajo de las fotografías incluían afirmaciones, supuestamente dichas por la persona fotografiada, que podían ser chistosas o no chistosas. Según descubrieron, las mujeres participantes deseaban a un hombre chistoso, mientras que a los hombres les importaba un comino qué tan divertida fuera una mujer. Más adelante, en otro estudio realizado ese mismo año, Bressler y Balshine volvieron a encontrar que los hombres preferían a alguien que pensara que *ellos* eran chistosos. Yo no creía lo que los resultados indicaban, así que le pregunté a mi ex esposo antes de que nos divorciáramos (confiaba en su opinión a pesar de nuestras circunstancias, y quizá justamente debido a ellas) y me confirmó esa preferencia. No le importaba que su pareja fuera chistosa; él sólo quería tener a un buen público. Es bueno saberlo.

Pero ¿y la idea tan citada de que el humor hace que una mujer parezca menos amenazante y más socialmente atractiva? ¿Por qué los hombres se muestran tan a menudo indiferentes o bien intimidados ante una mujer divertida?

Se sabe que Christopher Hitchens, el mundialmente reconocido quejumbroso e "intelectual", sostenía que las mujeres no son chistosas porque eso asusta a los hombres. Nuestra inteligencia hace que se les voltee el pene al revés o algo así. Hitchens reconocía, sin embargo, que había *algunas* mujeres comediantes decentes, pero la mayoría eran "corpulentas, medio lesbianas o judías, o alguna combinación de las tres". Descanse en paz, pero en serio, vaya cretino. El argumento es tan aburrido y estúpido que me entran ganas de comer galletas en un ataque de furia hasta desmayarme. Lo que parece igual de probable es que las mujeres están sobrerrepresentadas en la comedia por algo que me gusta llamar Miles de Años de Misoginia y Sexismo. ¿Pero yo qué sé? No soy más que una mexicana.

DOS DE MIS TÍAS DEL LADO PATERNO son las mujeres más divertidas que haya conocido, así que nunca me pasó por la cabeza que las mujeres no fueran divertidas. De niña las veía, fascinada por sus veloces réplicas y sus versiones absurdas de los chismes pueblerinos. Así es como aprendí a contar historias sabrosas y hacer reír a la gente. La tía Tere es aguda y le encanta contar historias ridículas. Ella fue la que contó la anécdota de la Culpa. Sus réplicas siempre son precisas e hirientes. Cuando un integrante de la familia era grosero, ella le pedía que por favor dejara de comportarse como Ku Klux Klan. En una fiesta, hace algunos ayeres, hizo un chiste de panochas que hizo a mi mamá reírse tanto que me incomodé (como la mayoría de los seres humanos, nunca jamás quiero asociar a mi madre con la sexualidad —tan sólo decir esto me está provocando arcadas y estremecimientos mientras escribo—). Luego está la tía Blanca, que no deja indemne a nada ni nadie. No puedes tener un ego en su presencia porque te bajará los humos de la manera más graciosa y creativa posible. Es una tipa ruda y malhablada que nunca se casó porque, en sus propias palabras, no le gustaba que los hombres le dijeran qué hacer. Mi anécdota favorita de la tía Blanca es esa vez que estaba afilando cuchillos afuera cuando pasó un hombre que "piropeaba" a todas las mujeres que podían oírlo. La tía Blanca estaba tan encolerizada que le arrojó un cuchillo. No lo hirió, pero dejó sentado lo que pensaba. Sobra decir que admiro sus elecciones de vida.

La tía Blanca vivió con nosotros un tiempo a principios de los noventa y fue memorable. Yo tenía como seis años y mi hermano como once. A veces veíamos juntos *Atínale al precio*. Cada vez que un concursante del programa no seguía el consejo que mi tía le había gritado al aparato de televisión, ella automáticamente lo calificaba como "un pinche pendejo hijo de su puta madre". Y tenía razón: lo eran.

Mis dos hermanos son los troles más grandes que hayan existido jamás, y cuando los tres nos juntamos, nos concentramos sobre todo en buscar maneras astutas de avergonzarnos los unos a los otros. Esta dinámica es la razón por la cual busco el humor en todas las cosas. Se ha vuelto un mecanismo de defensa, un arma, una fuente de alegría. Si podemos reírnos de algo, duele menos.

Cuando mi hermano menor trató de dejarse crecer un bigotito ralo, hubo toda una escena. Todavía hoy hablamos de ella. A mí siempre me han molestado por mi bocota. Lo digo literalmente: tengo unos labios enormes y dientes que les hacen juego. Una vez le pedí a mi hermano mayor que me pasara una cuchara y, poniendo cara seria, me dio un cucharón de servir. Me engañó el pinche cabrón. Mi hermanito una vez estaba juzgándome por una de mis malas relaciones. Odiaba a mi ex y estaba decepcionado de que hubiera hecho tan mala elección.

—¡Era guapo! —dije en mi defensa.

—¿Sabes quién más era guapo? —contestó—. Ted Bundy.

Ganó. Mis respetos.

Nada ni nadie se nos escapa cuando unimos fuerzas. Una de nuestras bromas acostumbradas, gracias a mi hermano mayor, es que los galgos "parecen racistas". Los insto a que lo consideren la próxima vez que vean uno; es muy asombroso, de verdad. Realmente parecen estar prestos para llamar a las autoridades migratorias y echarte a perder tu comida al aire libre. La mayoría de nuestros textos grupales consisten en nosotros hablando pestes de la gente blanca, en particular de sus comidas insípidas y su afición a andar descalzos en sitios públicos. En ocasiones los tres nos ponemos a reír como idiotas mientras el resto de la familia, en especial mi sobrina y mi sobrino, nos miran como si estuviéramos locos.

¿De qué otra manera podríamos vivir en esta sociedad supremacista blanca sin amargarnos? El humor lo hace todo un poco más llevadero. Si saliera llorosa y derrotada de todos los encuentros racistas que he tenido, no habría llegado hasta aquí, de eso estoy segura. La supremacía blanca es divertida porque es estúpida; no tiene ningún sentido. En dos palabras, ¿me estás diciendo que Stephen Miller es intrínsecamente superior a mí? Esa perra tiene aspecto de glándula.

. . .

Yo fui una niña melancólica, pero me encantaba la comedia. Era uno de mis pocos placeres en la vida, y me mantenía a flote. Con frecuencia era mi breve descanso de la depresión. Toda la semana esperaba ansiosa *Saturday Night Live*. Chris Farley dando vueltas y chocando con las mesas... eso me mataba. Bastaba mirar la cara ridícula de Will Ferrell para ponerme histérica. También Molly Shannon era de mis favoritas, especialmente cuando hacía de la huelesobacos magreaárboles de Mary Katherine Gallagher. Era animadísima, incorregiblemente soez y boba. Una vez hasta escribí un acróstico sobre Norm Macdonald, a quien veneraba y consideraba el maestro del sarcasmo.

En la primaria tenía una mejor amiga llamada Claudia. Era igual de hocicona, así que me intrigaba. Las dos la estábamos pasando muy mal en nuestras casas, pero muy rara vez hablábamos de eso. Nuestras familias eran exigentes y a veces sofocantes, así que hallábamos refugio la una en la otra. Por supuesto, en esa época no hice estas conexiones. Pensaba que éramos dos niñitas un poco raras a las que les gustaba leer, armar cosas con lo que sacábamos de la basura y burlarnos de la gente. Juntas éramos las cabronas más mordaces que hubieran existido sobre la faz de la tierra. Para pasar el día tratábamos de hacernos carcajear la una a la otra de todos los modos posibles: caras chistosas, imitaciones, comentarios despiadados. Nada estaba vedado. Debo reconocer que me oriné encima un poquito en más de una ocasión (en el proceso de escribir este ensayo empiezo a darme cuenta de que tal vez tenía un problema médico). En quinto grado, Claudia me hizo reír tan fuerte que tuve que salir de clase y quedarme en el baño hasta recobrar la compostura. Recuerdo que cuando me vi en el espejo tenía la cara rojo brillante. Me sentía una estúpida, pero la risa seguía acumulándoseme dentro del pecho y saliéndome a raudales por la boca.

En octavo grado, Claudia y yo volvimos a estar en la misma clase y todavía no madurábamos, salvo que ahora teníamos chichis. Seguíamos riéndonos de todo y la clase se convertía en una auténtica batalla campal. Nuestra maestra, la señora Sellner, era una señora blanca de cuarenta y tantos que acababa de recibir su título de maestra, y puedo imaginar que verse de pronto a cargo de un salón de niños mexicanos pobres era una especie de choque cultural. Podíamos oler su inexperiencia, y actuábamos en consecuencia. Desde el instante en que entró en nuestras vidas se convirtió en "Sellnerd". Brillante, lo sé.

Ese año éramos unos salvajes, probablemente a consecuencia de nuestros rápidos cambios hormonales. Casi todo el tiempo estábamos haciendo escándalo, como trastornados. Había un chavito llamado Pedro, posiblemente el niño más gay que haya conocido, que se ponía a bailar en su pupitre como Madonna cada vez que nuestras maestras salían del salón. Claudia arrojaba libros por la ventana sin ningún motivo. Los chavos se echaban mierda y se peleaban a puñetazos.

Después de las vacaciones de invierno, cuando Sellnerd volvió de Jamaica con su pelo fino y ralo en trenzas africanas, Claudia y yo nos miramos y nos pusimos como locas.

¿Ya mencioné que éramos unas cabronas?

. . .

En la secundaria tuve otro grupo de amigas que podría describirse como una pandilla de inadaptadas. Éramos unas niñas bobas; podíamos pasarnos todo el recreo citando a *Los Simpson* y burlándonos de todo mundo, hasta de nosotras mismas. Jenny tenía sobrepeso y se avergonzaba mucho de eso. Su vida familiar era un misterio, pero algo que sí sabía yo es que su padre era un drogadicto violento. Fuimos amigas varios años y nunca en la vida puse un pie en su casa. Una de sus rutinas era sobre *Alf* (el programa de tele de los noventa sobre un extraterrestre que vive con una familia de los suburbios) y sobre el apetito del personaje epónimo por los gatos. Nadia era una niña flaquita de ojos grandes, encías gigantescas y dientes salidos (que más adelante se corrigieron con frenos), que odiaba a su madre con un fervor que yo no entendía del todo. Estaba obsesionada con Marilyn Manson y destruía con sus sarcasmos al que se le ocurriera voltear a vernos. Estaba también Vanessa, la más normal y equilibrada. Tenía una familia cariñosa y una actitud positiva ante la vida. Lo único extraño en ella es que era baja de estatura. Chaparra en serio. Y yo, por supuesto, era una sabelotodo con depresión profunda. Me pintaba las uñas de negro y, por razones que todavía no comprendo, me encantaba la ropa inspirada en la música disco. Usaba mucho poliéster, algo que no es tan buena idea cuando estás atravesando la pubertad y tus glándulas sudoríparas están desbocadas.

El trauma o la marginación nos había juntado, y nos reíamos a pesar de eso... o debido a eso, es difícil saber. Esos momentos en los que perdíamos el control por la Rana René o por algún niño de la clase que parecía armadillo eran la gloria, algunos de los mejores momentos de mi triste existencia adolescente.

Vi *Los Simpson* de lunes a viernes, a veces múltiples veces en un mismo día, de los cinco a los diecisiete años. Como era proclive a enfurruñarme y amargarme, a mis padres les complacía verme reír lo que duraba un episodio. Pensaba que el programa era brillante y me encantaba su irreverencia hacia el mundo. Me enseñó a deleitarme en el absurdo y me reconfortaba como ninguna otra cosa. Lisa Simpson era el primer ícono feminista con que me cruzaba. Quería ser exactamente como ella, pero un poquito menos pesada. Tenía playeras, pósteres, juguetes y muñecos de *Los Simpson*. Sigue siendo mi relación más duradera y codependiente. Usaba el programa para evaluar qué tan inteligente y agradable era una persona. Quien pensara que era vulgar y pueril podía ir a chingar a su madre.

DESDE MUY TIERNA EDAD decidí que quería ser ruda y malhablada.

Como a los trece vi a Janeane Garofalo hacer un *stand-up*. Por unos años mi familia había tenido una caja receptora ilegal de las que en inglés se llamaban *hot-box,* así que podíamos ver televisión de cable gratis. Para nuestra desilusión, las compañías se dieron cuenta y esas cajas se volvieron obsoletas poco después de que empezamos a usarlas. En los días contados de la *hot-box* de la familia Sánchez, Comedy Central fue uno de mis canales favoritos, y veía repeticiones de especiales de *stand-up* una y otra vez porque tenía pocas amigas y nada mejor que hacer.

Janeane Garofalo se convirtió en mi ídolo instantáneamente. Me encantaba lo alivianada y provocadora que era, en ese estilo tan noventero, con sus pantalones cortos rojos, sus mallas negras y sus zapatos negros toscos. Aunque se menospreciara, rezumaba la clase de seguridad que yo anhelaba. Sabía exactamente quién era y no se disculpaba por eso. *Quiero ser como ella,* pensaba para mis adentros. *Quiero ser fuerte y divertida.*

EN LA YA MENCIONADA entrevista con Chris Rock, él señala que los comediantes son sumamente conscientes prácticamente de todo. "Cuando eres comediante —explica—, ochenta por ciento de la chamba es observar cosas, lo que también es un rasgo de los esquizofrénicos. Adviertes cosas que la gente no ve". Un estudio de 2014 publicado por la Universidad de Oxford descubrió que las características del cerebro que inducen la creatividad necesaria para el humor son extraordinariamente parecidas a las que inducen enfermedades psiquiátricas como la esquizofrenia y el trastorno bipolar. En un artículo de la BBC publicado en 2014, el profesor Gordon Claridge plantea que la manía puede alentar a que a la gente se le ocurran ideas nuevas y haga conexiones cautivadoras y divertidas.

Creo que la misma lógica puede aplicarse a los escritores. Observamos muchas cosas que otras personas no. Constantemente tenemos que prestar atención al mundo a nuestro alrededor si queremos decir algo nuevo o interesante. Por cierto, muchos (¿la mayoría?) de los poetas que conozco han sufrido alguna clase de enfermedad mental. Somos personas frágiles. Si eres escritor de comedia, puede ser que estés doblemente jodido. Yo no me clasificaría como tal, pero estoy profundamente interesada tanto en la comedia como en la escritura, y advierto las cosas más tontas. No me autocompadezco, pero esta manera de ver, esta sensibilidad, o como se la quiera llamar, por momentos sí se siente como enfermedad. Un pájaro muerto me echa a perder el día. Un dildo abandonado en la banqueta me pone a cavilar varias horas. Un zapato de mujer olvidado en un bar me provoca un ataque de risa. Los caballos adornados de terciopelo sucio tirando de un coche me hacen llorar; la falsa dignidad de tan hermosas criaturas me rompe el corazón.

¿Por qué no puedo ocuparme de mis cosas como una estadounidense común y atiborrarme de grasas hidrogenadas y quedarme dormida viendo *reality shows* sobre amas de casa de aquí o acullá?

Con frecuencia la gente se sorprende de lo malhablada que soy. Creo que a algunos esta cualidad les resulta tan espantosa porque soy pequeña y morena y porque parezco alguien que debería estar tranquilamente cuidando a tus hijos o limpiando tu casa. En general soy una persona amigable, pero mi boca es barriobajera. Cada dos oraciones uso la palabra *mierda*. Y si me haces encabronar me vuelvo una fuente de insultos salvajes. Más te vale no contrariarme, porque me ensañaré con tus inseguridades. No siempre me sale bien eso de ser madura y razonable (guácala, ¿y como para qué?).

El problema con mi bocota empezó cuando era chica. En primer año, la maestra amenazó con lavármela con jabón porque dije la palabra *pedo*. No entendí por qué era una mala palabra (sigo sin entenderlo) y me quedé atónita por su enojo. A lo largo de mi infancia, mi mamá me amenazó con pegarme en la boca porque no le gustaba lo que salía de ella. En la secundaria siempre estaba en la dirección por ser malhablada con maestras conservadoras o imbéciles (a menudo las dos cosas) y a las que por lo tanto no respetaba. Para bien o para mal, siempre he dicho lo que pienso, sin tapujos.

MI MAESTRO DE INGLÉS de primero de preparatoria, el señor Antus, veterano de Vietnam con trastorno de estrés postraumático e idéntico a Burt Reynolds, nos solía decir que la gente sarcástica no tenía muchos amigos. En ese entonces yo pensaba que era ridículo, pero pronto descubrí que tenía toda la razón.

Cuando a los veintidós años salí con Abdul (a quien llamaba Mr. Pakistani Man), descubrí que era cierto. Una noche hizo alusión a los estereotipos de musulmán, y yo sarcásticamente respondí algo como: "Bueno, ya sabes cómo es *esa* gente". Nunca imaginé que creería que lo decía en serio. Por supuesto que yo no era xenófoba ni racista. Además lo amaba, o al menos eso pensaba. Sin embargo, se puso furioso. Carajo. Pensaba que estaba acostumbrado a mi personalidad sarcástica y burlona, pero qué equivocada estaba. Me deshice en disculpas y le expliqué que lo había dicho sin tener en mente ningún detalle particular de cómo era "esa gente", pero no me creyó. Pasé horas llorando y suplicándole que me perdonara.

EN LA PRIMAVERA de 2010, cuando nuestra economía se había ido a la mierda, terminé mi posgrado. Aunque sabía que la vida no sería fácil después de haber estudiado Poesía (¡pendeja!), nunca imaginé cuánto costaría conseguir trabajo. Terminé en una empresa de *marketing* en la Torre Sears, donde estuve pudriéndome dos desgraciados años (nótese por favor que los chicagüenses beberían agua del río antes que llamar a ese edificio la "Torre Willis"). Mi cargo ahí era el de "estimadora de impresos", que es tan aburrido como suena. Fue una etapa terrible, terrible de mi vida. Algunas mañanas me sentía tan deprimida que de camino a la chamba me daban náuseas, literalmente. A veces daba un vistazo a mi cubículo y me preguntaba: *¿En esto se ha convertido realmente mi vida?* ¿Habré sido yo una asesina despiadada en otra vida?

En el trabajo solía chatear en línea con mi amigo Michael para que el día fuera un poco menos pesado. Nuestras conversaciones siempre eran disparatadas e inapropiadas, y al recordarlas me sorprende el descaro de todo lo que decía en mi computadora del trabajo. Por un tiempo tuvimos un proyecto alterno fuera de nuestras vidas laborales, un podcast titulado *Oh Hells Nah,* en el que básicamente nos insultábamos el uno al otro y nos íbamos por las ramas de maneras muy extrañas. Siempre nos las arreglábamos para mencionar el "culo con culo", un acto sexual que había visto en una película *soft-core* de Cinemax en un cuarto de hotel en Nicaragua varios años antes. En la escena, dos personajes se frotaban suavemente los culos, fieles al término que habíamos acuñado. Michael no lo había visto con sus propios ojos pero la idea le encantaba, y por un tiempo "culo con culo" fue lo que más nos gustaba decir. Muy pronto le pusimos los nervios de punta a todo mundo, pero seguimos haciéndolo porque estábamos a la vanguardia.

Aquel día en particular, Michael y yo empezamos a chatear sobre los Duggars, una familia evangélica que contaba con su propio *reality show* porque tenían una cantidad obscena de hijos. Inevitablemente salió a colación la vagina de la madre. Reflexionamos sobre qué apariencia tendría después de que diecinueve hijos hubieran salido por ahí. Michael le decía "un túnel de viento" y "unas fauces hambrientas abiertas de par en par", entre otras expresiones. Yo simplemente la describía como "toda batiente y la chingada". No sé por qué, probablemente porque se suponía que tenía que estar calculando el costo de unos pósteres, pero empecé a reírme de la vagina Duggar y no pude parar.

Eso interrumpió a un compañero de trabajo, Frank, que se sentaba en el cubículo de al lado y era mi único amigo en ese lugar dejado de la mano de Dios. Yo tenía veintiséis años y él era un italiano de cincuenta y tantos, así que a la hora de la comida éramos un extraño par. Frank asomó la cabeza por el panel divisorio y me preguntó qué diablos pasaba. Nos la pasábamos riéndonos juntos, así que quería unírseme. Me dolían los músculos abdominales y estaba sonrojadísima. Intentaba decirle lo de la vagina batiente, pero en cuanto lo hacía, terminaba riéndome otra vez. Así estuve varios minutos, intentando explicarlo pero sin conseguirlo. Él estaba anonadado; quizá pensaba que tendrían que internarme en un manicomio o inyectarme algún tranquilizante. Por alguna razón fui lo bastante sensata para preocuparme de que uno de los gerentes saliera y me viera así de trastornada. Ver a esta muchacha morena haciendo algo que no fuera trabajar arduamente podía ser motivo suficiente para despedirla o reprenderla de alguna otra manera, así que me dirigí al baño y traté de reírme hasta cansarme, como cuando era niña. Transcurrido un rato pude contarle a Frank de la mamá Duggar. Con la mano imité cómo batía.

. . .

ESTO VA A HACER que me cancelen, me excomulguen, me rehúyan, me hagan el vacío o lo que sea, pero creo que algunas feministas carecen de sentido del humor y eso me entristece. Yo estoy de acuerdo con la causa y me considero una arpía feminista fuerte y estridente, pero algunas de mis hermanas son tediosas y están empeñadas en quitarle a todo la diversión. Si, por ejemplo, no puedo burlarme de la batiente vagina republicana de la mamá Duggar, no quiero formar parte de su movimiento.

George Carlin, uno de los comediantes más geniales de todos los tiempos, empieza algunos de sus *stand-ups* con una gran rutina sobre las mujeres que se oponen al aborto. Cada vez que la veo, doy un grito. Sé que si eso se representara en la actualidad, la gente de internet se indignaría. Carlin, sin dar absolutamente ningún contexto, suelta la siguiente pregunta: "¿Por qué la mayoría de las mujeres que se oponen al aborto son gente con la que, para empezar, uno ni siquiera querría coger?".

No me interesa ser un perfecto modelo de conducta feminista, no solo porque es imposible sino porque es aburrido como la chingada. Y de todas formas, parece ser que el consenso es que no di el ancho. Me han acusado de no ser lo bastante feminista por una serie de razones desconcertantes: soy demasiado femenina; apoyo cosas que cosifican a las mujeres (una vez fui a una exposición porno porque me lo habían dejado de tarea); espero que los hombres paguen la cena (¿han oído hablar de la brecha salarial?). Tampoco tengo problema por usar mi físico para salir adelante (¿quieres ser buena onda conmigo porque soy bonita?; ¿y eso por qué chingados me va a importar?).

Para mí la crítica es a menudo divertida y el conflicto está plagado de oportunidades para la exploración intelectual. Por eso, cuando la gente me pregunta por qué no escribo sobre la felicidad, me les quedo viendo con mirada de pollo, sin comprender. La mejor expresión creativa nace de la tensión, digo yo.

He oído a feministas criticar a Amy Schumer por su humor autocrítico; la acusan de darles gusto a los hombres y de odiarse a sí misma. A ellas les digo: están perdiendo de vista lo importante. Schumer, si bien a todas luces es una ignorante en temas raciales (muchas veces para morirse de la vergüenza), no tiene miedo de pisar terrenos incómodos cuando se trata de género, y eso es algo que yo valoro de ella. En un episodio de su programa, *Inside Amy Schumer,* escrito como parodia de la película *Doce hombres en pugna,* doce miembros de un jurado debaten sobre si Schumer es lo bastante atractiva para salir en la tele. Deciden que no, que le quitarán su programa y posiblemente la condenarán a muerte. Uno de los jurados le dice "cara de papa" y otro dice que parece ardilla rayada. Recuerdo que después de ese episodio muchas feministas en Twitter insistían en que Schumer estaba haciéndoles el juego a los hombres al burlarse de su propio físico, lo que a mí me resultó un argumento gastado y simplista.

No es que Schumer crea que es fea: es que está ridiculizando a los hombres que arremeten contra la apariencia física de las mujeres. Es particularmente divertido que la mayoría de los jurados de la parodia no sean sexualmente atractivos ni de relajo. Se llama *subversión.* Carajo, cuando explicas un chiste se le quita todo lo divertido. Muchas gracias, feministas; vean a lo que me obligan.

¿Y si no pudiera burlarme de mí misma? Me encanta mi bocota, pero seguiré haciendo bromas sobre ella. No creo en la frenología, pero siempre que me dé la chingada gana me referiré a mi propensión a la lujuria que se manifiesta en la forma de mi cráneo. Su movimiento me parece opresivo si no puedo reírme de lo estúpido que es ser humano. Para eso mejor me acuesto en una pila de colchones sucios en la calle y me muero.

CUANDO VIVÍ en España a los veintidós años gracias a una beca Fulbright, conocí a un divertidísimo hombre tunecino en el cumpleaños de un amigo y poco después empecé a salir con él. Llevaba años viviendo en Madrid y hablaba un perfecto español. Casi todo lo que salía de su boca era una broma. Me ganó desde el principio. Supongo que tenían razón esos científicos que decían que las bromas les ponen erecto el clítoris a las mujeres.

Aunque crecí siendo bilingüe, me di cuenta de que en español yo no era tan chistosa. Había hablado español toda la vida, pero la inmensa mayoría de mis estudios habían sido en inglés, y por lo tanto mi vocabulario en esa lengua era mucho más amplio. Además, gran parte de mi humor dependía de experiencias culturales compartidas. Cuando llegué a España, no estaba familiarizada con la cultura, y seguí hablando español de México porque no quería ser una pretenciosa pendeja eurocéntrica y sentir que traicionaba a mi familia. Lo que esto significaba, sin embargo, era que mi ingenio no era tan agudo en la sociedad española. Los españoles no estaban familiarizados con mis referencias mexicanas, mi sensibilidad mexicana, y tampoco entendían lo que era haber crecido en el Chicago de los noventa. Lo mismo le pasaba a mi novio tunecino. Entonces, o me guardaba mis chistes o los contaba, pero a nadie le hacían gracia.

Sentía que me habían arrebatado parte de mi identidad. Estaba acostumbrada a ser la guasona en mis relaciones, y eso me desorientaba.

"¡Soy chistosa!", quería gritarle sacudiéndolo enérgicamente de las solapas. "¡Juro por Dios que soy divertida! ¡Tú no eres el único chistoso aquí!".

A VECES ME RÍO de mis chistes más fuerte que todos los demás. Esto debería avergonzarme, pero no. No lo habría contado si no creyera que es chistoso. Me río todo el tiempo cuando estoy sola, situación en la que me encuentro a menudo. A los extraños los confunde o preocupa, pero yo no tengo ningún problema con eso: considero que reírme de mis propios chistes es un regalo a mí misma. Mis monólogos internos son muy entretenidos.

La relación que tenemos con nosotros mismos es la más importante que tendremos jamás, y sin embargo nadie habla de eso. Estamos condicionados a temer la soledad, estar a solas con nuestros pensamientos. Llenamos nuestras vidas de pantallas y ruido para no tener que vivir con el silencio cuando no hay nadie alrededor. Esto les pasa sobre todo a las mujeres. El tiempo que pasé como treintañera divorciada y acabada, antes de encontrar el verdadero amor y hacerme madre, fue prueba de eso. Adondequiera que fuera, todo mundo quería saber dónde estaba mi marido.

UNA DE LAS RAZONES por las que dejé a mi ex esposo (y había muchas) es que empezó a verme pasándome de largo, como si yo ni siquiera estuviera ahí. Nos conocimos en el posgrado en 2007.

Primero salimos, luego nos fuimos a vivir juntos y cuando ambos teníamos treinta años nos casamos. Nuestro matrimonio duró sólo un año y medio. No estábamos hechos el uno para el otro, y creo que en el fondo ambos lo sabíamos. Era como ponerse un par de zapatos dos números más chicos y andar ocho años renqueando por ahí. Teníamos maneras muy diferentes de ver la vida. Él no sabía cómo ser mi esposo y yo no sabía cómo ser su esposa.

Me gustaría creer que no era ningún villano: que simplemente no hacíamos buena pareja y que ambos insistíamos en tratar de que funcionara porque en un sentido sí nos amábamos, hasta que fue demasiado. Yo a la larga me aclaré. A lo mejor él piensa distinto, no lo sé. Sigo teniéndole cariño y recuerdo con afecto el tiempo que pasamos juntos. Dejarlo es algo de lo más difícil que he hecho, pero mi cuerpo sabía que tenía que hacerlo.

Lo que más dolió al final fue su indiferencia hacia mí. Ya no se reía de mis chistes porque, según decía, ya se había acostumbrado a mi sentido del humor. Ya no lo sorprendía; había perdido mi encanto. Fue un golpe a mi autoestima porque siempre había creído que mi humor me hacía especial. A veces él pensaba que yo era algo burda, en especial cuando un chiste incluía sexo o popó, como frecuentemente ocurría. Si acaso respondía, era con un "ajá" poco entusiasta, solo para acusar recibo de que yo había hablado. No creo ser una repetición de Richard Pryor, pero he hecho que la gente termine adolorida de la risa. Algo se había roto.

Hay estudios que demuestran que hasta las ratas se ríen, lo cual me hace sentir conflictuada por todo lo que las odio y les temo.

En 1997 un psicólogo y su estudiante llevaron a cabo un experimento en el que les hacían cosquillas a unas ratas para ver si chillaban diferente. Y no sólo emitían un chillido singular sino que se apretaban contra sus dedos para recibir más cosquillas. Esto sería casi tierno si las ratas no fueran tan repugnantes. Pero si las ratas ríen, también otros animales tienen que hacerlo. La idea de un cachorro de nutria de mar riéndose me inspira tanta esperanza y felicidad irracional que me hace querer volcar una mesa.

El día que me mudé del departamento que compartía con mi ex esposo para irme a vivir yo sola fui a comprar comestibles con una amiga en mi calidad de mujer recién separada. Hacer compras solo para mí se sentía raro. Seguía buscando productos que mi ex esposo habría querido, para retirar la mano cuando me daba cuenta de que él ya no estaba. Compraba cosas que sabía que él desaprobaría. ¿Agua gasificada de sabor? ¿Y por qué chingados no? A lo largo de ese proceso sentí una tristeza abrumadora por el hecho de que nunca más fuéramos a comprar comestibles juntos y ya no tuviera que acordarme de llevarle pepinillos.

Después de la tienda, mi amiga y yo fuimos a la tienda de todo por un dólar para comprar algunos artículos para la casa. Estábamos fascinadas de poder comprar una vela o unas tijeras por el bajísimo precio de un dólar estadounidense. Qué maravilla vivir en esta época. Recorrimos la tienda llenando nuestras canastas hasta el borde, bromeando sobre lo mucho que estábamos disfrutando la mundana actividad.

Mientras llevábamos nuestro botín a mi carro, volteé a ver a mi amiga y le dije:

—Simplemente dos treintañeras solteras disfrutando su noche de domingo en la tienda de todo por un dólar.

No era tan chistoso, pero las dos nos reímos del absurdo de nuestra dicha comprando chucherías baratas.

Las noches de domingo suelen llenarme de un tranquilo desaliento, pero esa noche me reí del estado de mi vida. Sentí alivio. Era febrero y la nieve se había derretido un poco. Olía casi a primavera.

DE VUELTA A LA MADRE PATRIA

Provengo de una familia de campesinos que se remonta mucho tiempo atrás. Somos un bullanguero pueblo desértico. Pinches cabrones empeñosos. Lo recuerdo cada vez que regreso al norte de México y estudio el paisaje de la Sierra Madre. La tierra no cede ni perdona. De acuerdo con relatos españoles coloniales, el clima en esa región era tan extremo que los caballos desprotegidos eran propensos a congelarse en el invierno. Los meses de verano traían consigo un calor tan intenso que, según los españoles, no tenía nada que envidiarle al de África.

Le he preguntado a mi familia una y otra vez sobre la civilización indígena de la que descendimos, pero nadie me puede dar una respuesta definitiva. Somos mexicanos rurales pobres, y por lo tanto estamos revueltos más allá de una simple clasificación. Hay un trastatarabuelo (o algo así) que era español, pero eso es todo lo que he podido descubrir. Lo mejor que puedo hacer es suponer que, basándome en el lugar de donde es mi familia, parte de nuestra ascendencia son indios tepehuanes. Quiero creerlo porque los tepehuanes eran feroces. Cansados del trabajo excesivo y el maltrato, se rebelaron contra los españoles en 1616; levantamiento que los colonizadores no se esperaban. Andrés Pérez de Ribas, historiador jesuita que vivió en esos mismos años, lo describió como "uno de los mayores brotes de desorden, agitación y destrucción que se habían visto en Nueva España ... desde la Conquista". Combatieron a los españoles a lo largo de *cuatro años brutales.*

Mis parientes de ambos lados tienen una amplia mezcla de pigmentos: de blanco pálido a café oscuro; ojos azules, verdes y cafés; pelo rojizo, rubio, negro y castaño. Cuando oigo a la gente decir que alguien "no parece mexicano", me dan ganas de mostrarles un retrato familiar y recomendarles que lean un libro de historia. A veces unos me lo dicen como si fuera un halago. Ay, ay, me aseguran que puedo pasar por italiana o griega. No, gracias. No me importa qué estés tratando de decir con eso, pero no lo quiero. Un hombre coqueteándome en un bar una vez me dijo que tenía "una nariz muy interesante" y quería saber de dónde era. Cuando le dije que era mexicana debo de haberle hecho añicos su exótica fantasía, pues se veía decepcionado. Supongo que mis orígenes eran demasiado pedestres para su imaginación erótica. La gente a menudo me pregunta de dónde soy, y cuando digo que de Chicago parecen perplejos. Un hombre me dijo que no se notaba. Supongo que nunca en la vida había ido a Chicago porque, por favor, puedo aventar mi chancla en cualquier dirección y le caerá encima a una amable señora de origen latino que me dará los buenos días.

Y luego están los que dudan de usar la palabra *mexicano* porque creen que es un término peyorativo. Mejor usan *español* o *latino*. Susurran "mexicano" como si fuera un diagnóstico vergonzoso.

Yo, exasperada, quiero gritar: "¡Ese güey es *literalmente* mexicano, cabrón! ¡De México! ¡Lo oí de sus propios labios!".

TODA LA VIDA HE FANTASEADO con vivir en una tierra desconocida donde escribiría frenéticamente hasta que saliera el sol. Así es como imagino que son las vidas de los escritores: llenas de aventuras, alcohol, cigarros, sexo y ropa negra desteñida. Construí esta imagen romántica bohemia de las películas que había visto y los libros que había leído y, en algún sentido, la volví realidad.

Fui la primera mujer del lado materno de la familia en asistir a la universidad, y si cuando me fui de la casa mis padres se ofendieron porque les pareció prematuro, irme del país era casi indescriptible. ¿Por qué diablos quería valerme por mí misma? ¿Y ahora me mudaba al otro lado del océano? ¿Para qué? ¿Y yo quién me creía?

Sin embargo, lo que ellos consideraban una vida normal, llena de las cargas de las típicas convenciones sociales y obligaciones, a mí me parecía una muerte lenta y terrible. No quería un trabajo estable en una oficina después de la universidad. No quería casarme y tener hijos. No quería ser una adulta responsable que usara pantalones de vestir para ir al trabajo y se preocupara por su 401(k) (acabo de enterarme de lo que es esto; soy un fracaso de adulta). En vez de eso anhelaba una vida rara e imposible planeada enteramente por mí misma. Hacía mucho que había decidido que ese era mi destino, aunque nada en el mundo hubiera jamás indicado que fuera posible.

Originalmente planeaba postularme a una Fulbright para estudiar en un país más perdido, como Uruguay (yo no sabía absolutamente nada de Uruguay), porque no creía poder conseguir una beca para

España, que imaginaba como destino popular y por lo tanto una elección competitiva. Mis amigos, sin embargo, me convencieron de que lo intentara. ¿Qué tenía que perder, aparte de mi orgullo?

CUANDO LES DIJE a algunos mexicanos que pasaría el siguiente año en España, a muchos les impresionó que fuera a volver a "la madre patria". Me emocionaba la perspectiva de entender algunos de mis orígenes, pero llamar a ese lugar mi madre patria era un insulto a mi madre de piel morena. ¿Qué tenía que ver conmigo España?

Llegué a Madrid a los veintidós años, entusiasta y jadeante, sumando un viaje a través del Atlántico a la lista de primeras veces de mi familia. La ciudad me abrumó, y eso era exactamente lo que iba buscando. Yo era inquieta y buscaba estimulación constante. Quería música a alto volumen, bolas de discoteca y luces brillantes siguiéndome adonde fuera. Me sumergí en la vida nocturna con toda la fuerza. Había en la ciudad una euforia colectiva que nunca había experimentado. Hombres bengalíes vendían rosas y chucherías destellantes en las esquinas. Mujeres chinas pregonaban cervezas y sándwiches a los borrachos que salían de los bares. Las muchedumbres me emocionaban, y me fascinaba que hasta los ancianos estuvieran fuera a toda hora, trastabillando tras demasiadas copas de vino. *Esta gente sí que sabe vivir,* dije para mis adentros. Los estadounidenses estaban haciéndolo todo mal.

La Calle de la Montera, que estaba en el centro de la ciudad, era un espectáculo. Yo crecí con un motel mugriento en la esquina de mi cuadra y estaba acostumbrada a ver a trabajadoras sexuales ofreciendo su mercancía, pero la Calle de la Montera era algo completamente distinto. Era como si el mundo entero estuviera representado por mujeres (algunas jóvenes y bellas, otras viejas y marchitas, algunas cis, algunas trans) en distintos grados de desnudez en una sola calle. Flanqueaban las aceras anunciando sus servicios, con sus cuerpos provocativamente preparados para el trabajo. Era uno de los sitios más diversos que hubiera visto en toda mi vida. Los policías se mantenían despreocupadamente al margen, ni se inmutaban con las transacciones, un entendimiento tácito. Yo trataba de no quedarme boquiabierta, pero me fascinaba y siempre encontraba razones para caminar por ese tramo. Admiraba el ajetreo de las trabajadoras y juzgaba a los hombres que las solicitaban. Eran groseros, y a mí me chocaba la manera como les hablaban a las mujeres, como si fueran desechables, como si todo lo humanamente posible tuviera un precio.

A los veintidós descubrí que la sexualidad estaba a la vanguardia de mi mente y poco después de mi llegada aprendí de mi propio capital sexual. A los hombres españoles yo les era casi indiferente, cosa que estaba bien (con ellos tampoco a mí se me hacía agua la boca), pero cuando caminaba por esa calle, los inmigrantes morenos me prodigaban atención, alternando los cumplidos con el acoso. Dependiendo de mi humor, y si no era demasiado agresivo, en ocasiones lo disfrutaba. Era joven y me emocionaba mi sexualidad floreciente. Tenía algo divertido y estimulante blandir esa clase de poder, el poder de ser deseada. Cuando empecé a quedármeles viendo, trataba de parecer insolente, casi burlona. Estaba tratando de retarlos a que prosiguieran con sus chiflidos. No era sorprendente que fuera pura palabrería; casi todos se ponían nerviosos y no hacían nada.

Yo, sin embargo, no era técnicamente soltera. Seguía enamorada del hombre casado de Chicago. Me refería a Abdul como mi novio a pesar de lo ridículo que sonaba en esas circunstancias. Pero ¿de qué otro modo podía llamarlo? ¿Mi amante? No puedo decir esa palabra sin soltar la carcajada. ¿El tipo extranjero y buenón con el que estaba teniendo un romance? ¿El hombre que desde el otro lado del océano me maltrataba emocionalmente?

Era aún más absurda mi promesa de serle fiel. Yo estaba estúpida, salvaje, irracionalmente enamorada de ese güey, aunque sabía que nunca me pertenecería. También le prometí que no comería puerco, porque a pesar de sus evidentes transgresiones, seguía considerándose un musulmán devoto. Pero el cerdo me hacía ojitos adonde quiera que fuera: piernas de puerco refulgentes colgaban de ganchos en el techo de casi todos los bares y restaurantes. En pocas semanas rompí mi promesa. ¡El cerdo, tan saladito y delicioso! ¿Y quién era él, que estaba casado, para impedirme a mí comer carne de animales sucios?

Ese año nunca pude llenarme. Quería probarlo todo. Comí tantas tortillas españolas que, al cabo de todos estos años, sigo sin poder comerlas sin sentirme un poco mal. Una baguette con huevo acompañada de un café cremoso era increíblemente satisfactoria, y siempre podía comer más. Era como si estuviera *descosida*: con esta palabra mi mamá describe mi glotonería. Me zambutía toda clase de comida y tragaba vino como si fuera agua. Las botellas no costaban más que dos euros cada una; podía darme el lujo de tomar cuanto alcohol quisiera. Toda mi vida había estado llena de deseo y por fin tenía la posibilidad de alimentarlo.

. . .

CUANDO ERA NIÑA, mi familia vivía en un departamento que daba a un callejón. El edificio, de dos pisos, se había convertido ilegalmente en cuatro unidades. Nos separaban de nuestros vecinos de al lado unas láminas de contrachapado clavadas a la pared. Mi madre trabajaba por las noches y mi padre, agotado después de la chamba, normalmente estaba en el sillón viendo la tele. Como mi hermano me llevaba cinco años, rara vez jugábamos juntos. Yo era la hermanita pesada, totalmente. Imaginen a Lisa Simpson pero superdeprimida.

Pasé sola gran parte de mi infancia: leyendo, dibujando y mirando por la ventana. A veces estaba tan desesperada por tener compañía que llamaba a un número gratuito para escuchar la grabación de un cuento. Es cómico y patético que dependiera de una voz automática para llegar al final del día.

La ventana de nuestra sala daba al norte y había un árbol a lo lejos que siempre me encantó. Creía que era hermosísimo y anhelaba estar ahí, estar en otra parte. Parecía lejano e inaccesible, pero ahora me doy cuenta de que no podía haber estado más allá de unas cuantas cuadras. Aunque no tenía nada de especial, el árbol se convirtió en un emblema de mi fuga, de lo que era posible.

Cuando tenía once años nos mudamos a nuestra primera casa, que también estaba en el pueblo de Cícero, pero en un mejor barrio. En esa época todavía se veía a algunos blancos por la calle, y una noche uno de ellos nos rajó las llantas. Nos habíamos infiltrado en su triste parcela. Para cuando estudié la preparatoria, la gente blanca era cada vez más escasa y a menudo estaba empobrecida. Algunos se asimilaban tanto a nosotros que se volvían casi mexicanos.

Por las tardes, mi mejor amiga, Claudia, y yo caminábamos a tomar clases de karate en Roosevelt Road, que técnicamente estaba en Chicago propiamente dicho, pero nos quedaba a unas pocas cuadras. De vez en cuando nos desviábamos y explorábamos las zonas industriales del vecindario. Claudia siempre quería empujar los límites, y también yo, aunque con frecuencia me daba miedo y me quejaba de dolor de estómago. Una vez nos metimos a una fábrica abandonada. Me preocupaba que pudiera haber indigentes o drogadictos acechando en los rincones oscuros, dispuestos a asesinarnos, pero seguí adelante porque mi curiosidad era más fuerte que mi terror. El edificio se había dañado en un incendio; el segundo piso estaba blando y a punto de desmoronarse, pero de todas formas lo atravesamos.

Encontramos un árbol creciendo dentro del primer piso. La luz entraba a raudales por un agujero del techo y lo iluminaba como si fuera un milagro. Pensaba que era maravilloso, pero seguía sintiendo el miedo recorriéndome.

Mi comportamiento, el deseo de siempre enredarme en algo, de ir más allá de lo que se me permite, siempre se ha considerado poco femenino en la cultura mexicana tradicional. Mi abuela materna me decía "marimacha". Mi madre, mucho menos dura, me dice "andariega" o "callejera".

Se supone que las niñas no deben desviarse de sus casas.

RENTÉ MI primer departamento en una parte lujosa de Madrid, muy lejos de la escuela donde trabajaba como profesora ayudante. No sabía nada de la ciudad y elegí un departamento que parecía limpio y cercano a cierta vida nocturna. De haber sabido lo aburrido y pretencioso que era ese barrio habría escogido una ubicación diferente, porque lo que yo quería era ruido y suciedad. Quería sentirme en casa.

Compartía el departamento con un surtido de chicas. Dos de ellas también eran extranjeras estudiando fuera. Una era una española malhumorada que se despertaba ya por la tarde; había algo en su cara que no me gustaba.

Me encantaba lo romántico del balcón de mi recámara, que daba a la calle. Me tomé muchas *selfies* (antes de que se llamaran *selfies*) enfrente de la ventana gigante, con expresión toda pensativa y la chingada. Sentía la necesidad de documentar cada parte de mi vida porque no podía creer estar viviéndola. En el departamento no había nada especialmente memorable aparte del colchón grumoso que me hacía sentir como si estuviera durmiendo en un saco de gatos muertos.

Poco después de mudarme me di cuenta de que había cometido un error. En primer lugar, no quería vivir con gente que hablara en inglés. Además, la casera con cara avinagrada venía todos los días a "limpiar", lo que incluía esculcar entre nuestras cosas, en nuestras recámaras. Me preguntaba si eso era legal. Aborrecí a esa mujer desde el principio y decidí que tenía que irme antes de terminar dándole golpes de karate en el pescuezo a esa perra y que me detuvieran en un país extranjero. De ninguna manera iban a andar encima de mí como si fuera una niña. Ya me había escapado de las firmes garras de mi madre y era una mujer joven libre de cargas en pos de cometer errores deliciosos.

Deambulé por la ciudad en busca, una vez más, de un nuevo lugar donde vivir. Esto fue antes de que existieran los teléfonos inteligentes, así que dependía de un mapa de papel (¡!) y con frecuencia no tenía ni idea de dónde estaba yendo. Llegaba a mis citas toda sudada y aturdida. Me planteé la posibilidad de mudarme a un departamento con tres hombres de veintitantos; uno de ellos, un poco idiota, parecía demasiado impaciente por rentarme la habitación. Me imaginé un año de estar esquivando sus pegajosos avances y dije que no, gracias. Otro departamento que fui a ver estaba en el barrio gay, Chueca. Era oscuro y no tenía ventanas. El cuarto que yo rentaría estaba en el ático y el inquilino puso en claro que el resto del espacio era suyo. Era un tipo lúgubre, y aunque no creo que estuviera interesado en mí sexualmente, algo en él me dio ñáñaras. Había muchos callejones sin salida, y empecé a preocuparme. Estaba en otro país, sin idea de lo que estaba haciendo. Temía terminar en un albergue para vagabundos.

Y entonces encontré mi departamento en Lavapiés, el barrio de inmigrantes al sur del centro de la ciudad y muy cerca de él. Me encantaba la humildad del nombre. Mi adusta compañera de piso del primer departamento me había advertido sobre ese lugar, decía que era peligroso, pero en cuanto salí del metro quedé enamorada: las fruterías, las carnicerías, mujeres de saris, gente gritando en idiomas que no reconocía. Era efervescente y ruidoso y el aire olía a carne y especias. Ese era el lugar para mí.

Le renté un cuarto a una española de treinta y pocos de pelo rojizo rizado y espíritu amigable. El departamento era pequeño pero brillante y alegre en un sentido bohemio y original: plantas, fotografías de otros países y grabados vívidos y exóticos. Estaba ubicado en el interior del edificio, una disposición que nunca antes había visto. Todas las ventanas daban al patio o a otra parte del edificio.

Recibíamos muy poca luz directa. Mi recámara tenía una ventana por la que entraba algo de sol pero daba a una pared blanca. La cocineta era tan minúscula que teníamos que comer encorvadas sobre la mesa de centro de la sala. Por momentos se sentía claustrofóbico, pero aun así me encantaba vivir ahí. Con frecuencia oía a los vecinos al otro lado del patio discutiendo en árabe y otras lenguas que no podía descifrar. Se sentía muy cosmopolita y multicultural.

No había secadoras, así que todos colgaban su ropa a secar en tendederos afuera de sus ventanas. Yo terminé por dejar de avergonzarme de mis calzones y los dejaba ondear libremente con el viento a la vista de todos.

La mayoría de los inmigrantes del barrio eran hombres jóvenes, algo que no me resultaba sorprendente. Por venir de una familia de inmigrantes, yo sabía que los hombres suelen ser los primeros en irse, y más adelante los siguen las mujeres. Es común que grupos de hombres mexicanos vivan apretujados en departamentos pequeños mientras que mandan buena parte de sus exiguos sueldos a su casa.

Las calles de Lavapiés siempre estaban tapizadas de caca de perro. Era tan omnipresente que se sentía como parte de la estética. Aunque nunca me pareció un lugar amenazante, es cierto que era un barrio bravo. Estaba sucio; en el vivían muchos indigentes y hipsters españoles con corte buki y pantalones bombachos tipo harem, en boga en ese entonces (mi amiga Judy les decía simplemente "cagalones"). En ocasiones me encontraba al mismo perro de tres patas que siempre se veía hambriento. No sabía bien si era un perro callejero o la mascota descuidada de alguien. Me daba lástima la criatura, pero se le veía una actitud optimista cuando cojeaba por la calle. Había una mujer de pelo rizado que llevaba un abrigo de piel sintética. Una vez la vi sentada en una banca con un poco de sangre saliéndole de la frente; ahora, casi veinte años después, sigo sintiendo una punzada de culpa en el estómago por no haberle preguntado si estaba bien. ¿Cómo pude haber pasado enfrente de ella sin más?

Estaba la persona pequeña que alegremente vendía billetes de lotería enfrente de la tienda de abarrotes, las gitanas con sus faldas largas y hombres africanos jóvenes reunidos en la plaza. Había algunas galerías de arte; una tenía el cuadro de una vagina dentada exhibido en la vitrina. En los bares, perros y niños eran bienvenidos. Había tanto que ver que daba mareo, y mis ojos siempre estaban ávidos.

Uno de mis lugares favoritos del barrio, y de la ciudad, era el Café Barbieri, un lugar con iluminación tenue, espejos deslustrados y tapicería gastada. Me gustaba sentarme ahí a escribir en mi diario mientras bebía café amargo, pues me hacía sentir como Ernest Hemingway (aunque yo no era una cabrona misógina).

En Madrid me resultaban muy seductores ese tipo de cafés. Siempre me han encantado los lugares y las cosas viejas. Los espacios nuevos y relucientes me ponen un poco nerviosa; dan la impresión de tener cierta expectativa y yo temo decepcionar. En cambio, cuando un lugar tiene historia me gusta pensar que estoy sumando algo a ella con mi presencia y que mi cuerpo está ocupando un espacio donde mucho ha pasado ya: es un sitio donde la gente ha amado, llorado, reído y vivido grandes alegrías y desilusiones. Consuela pertenecer a una cadena interminable de historias.

Lavapiés tenía mucho carisma y era constante fuente de inspiración para mi escritura. Me la pasaba permanentemente sobrecogida, siempre en busca de algo hermoso y extraño. Mis responsabilidades como profesora ayudante eran mínimas, así que tenía libres las tardes, los fines de semana y también los viernes, por no mencionar las siestas diarias y los innumerables días festivos por algún motivo religioso. Pasaba tanto tiempo haraganeando que por momentos la culpa se apoderaba de mí. Yo ahí, en una banca en España, viendo a la gente pasar, mientras mis padres estaban trabajando en una fábrica.

Desde mi departamento podía llegar caminando al Museo del Prado y al Museo Reina Sofía, así que pasaba muchas tardes ahí disfrutando del arte y tomando notas. Recuerdo el momento en que vi por primera vez *El jardín de las delicias*, de Hieronimus Bosch. Había estudiado la pintura en la universidad ¡y ahora estaba ahí frente a mí! La cabeza me daba vueltas. ¡Gente copulando! ¡Extrañas criaturas míticas! ¡Figuras desnudas atascándose de frutas maduras! ¡Aves picoteando cosas!

Pero ¿era gula? ¿O eran, como indicaba el título, puras delicias? ¿Se expresaba ahí un juicio? ¿Una celebración de ser humano? Sea como sea, me pareció que era hermoso y me llenó de un exuberante asombro.

Cuando no tenía planes con amigos, o sea con frecuencia, deambulaba por la ciudad mirando embobada a la gente, explorando tiendas, asomándome a ventanas, tomando café, escribiendo en mi diario, leyendo libros, comiendo tapas y simplemente soñando despierta. Los días sin nada que hacer dejaban que mi imaginación se extendiera por todas partes. Pasaron muchos años para que me diera cuenta de qué regalo tan poco común era eso, en especial para una mujer. El regalo de la soledad con pocas responsabilidades. Mi vida era mía y de nadie más.

Mi primera amiga fue una mujer llamada Judy, una chica judía de Pensilvania que también había recibido la Fulbright. Me provocó de inmediato una carcajada cuando hizo una broma sobre Mac-Gyver. Seguido viajábamos juntas y nos metíamos en situaciones ridículas. Siempre estábamos haciendo enojar a los conductores de autobús porque llegábamos corriendo a subirnos tardísimo. Salíamos a bailar con toda clase de gente rara. Una vez nos estafó una persona que habíamos dado por sentado que sería un narcotraficante. Nos lo merecíamos por haber llegado a esa conclusión solo por sus rasgos raciales. Cuando pienso en aquel año, con frecuencia pienso en Judy. Salíamos y nos íbamos de parranda hasta la madrugada y luego volvíamos a su departamento, donde comíamos sándwiches de jamón tostados en la cama y nos quedábamos dormidas con la ropa puesta. En la mañana tomaba el tren de regreso a mi barrio, desmelenada con mi chamarra de mezclilla toda arrugada, sintiéndome como si alguien me hubiera sorbido los sesos.

Por toda la ciudad había muchos actos culturales gratuitos o asequibles. Todos los jueves compraba la guía de ocio de la ciudad y marcaba todos los actos a los que quería ir.

Judy y yo vimos una obra de Edward Albee en la que un hombre literalmente se enamora de una cabra, cosa que resultaba tan divertida como horripilante. Nos abrazamos al caer el telón. Vi una adaptación teatral de *La metamorfosis* que me estuvo rondando varios días. Iba a ver cine de arte yo sola. Iba a representaciones de danza moderna en las que llenaban de agua el escenario y los bailarines elegantemente formaban ondas encima de ella.

También viajaba a otras ciudades para explorar su escena artística. En Barcelona, la arquitectura de Antoni Gaudí me dejó sin habla.

En el Guggenheim de Bilbao, los letreros electrónicos de Jenny Holzer proyectaban mensajes sobre la crisis del sida: "Digo tu nombre", "Conservo tu ropa". En París, casi me vuelvo loca en el Louvre. No me cabían en la cabeza tal magnitud y opulencia. Tantas de las obras más icónicas del mundo albergadas en el mismo espacio... era irreal. Cuando vi *Olympia,* de Manet, en el Musée d'Orsay, una pintura que había visto en libros de arte y que me encantaba, no me lo podía creer. En Ámsterdam, alucinando con hongos, me paré enfrente de *Almendro en flor* de Van Gogh y me dolió el pecho de tan hermoso que era. En las vacaciones de primavera, mi compañera de piso y yo viajamos a Marruecos a un pueblo pintado casi completamente de azul. De noche íbamos a un café cerca del río, donde gente joven cantaba y tocaba el laúd.

Me la pasaba perpleja y en todas partes lloraba. Mucho. Pero no siempre era el llanto de tristeza; a veces era un diluvio de sentimientos indefinibles que me salía por los ojos.

La poesía de Federico García Lorca era una de las razones por las que España me resultaba tan atrayente. No leí su conferencia sobre el duende hasta años después, pero tenía una idea innata de lo que era. Todo lo que sabía era que la poesía de Lorca me agarraba del cuello.

Sé que experimentaba el duende cuando veía baile flamenco. No podría decirles lo que era, pero podía verlo, sentirlo en mis órganos. Me fascinaba la expresión de angustia en los rostros de los bailaores, el elegante zapateado. Parecía como si la música estuviera matándolos, y en la proximidad de la muerte estuviesen más vivos que nunca.

Descubrí que mientras menos convencionalmente atractivos fueran los bailaores, mayor era su talento, y no creía que eso fuera coincidencia. Ser bonito es, por supuesto, un privilegio, y quienes no poseen lo que el mundo considera deseable no tienen el lujo de contar con su belleza.

Era como si algunos estuvieran purgando algún malestar espiritual, como si estuvieran expulsando a todos sus demonios. Las mujeres no eran bonitas, pero eran hermosas.

En su conferencia sobre el duende, apunta Lorca: "Hemos dicho que el duende ama el borde, la herida, y se acerca a los sitios donde las formas se funden en un anhelo superior a sus expresiones visibles". La herida nunca se cierra. Para mí, esas mujeres estaban bailando sobre esa navaja metafórica y ahora, muchos años después, me recuerdan un mito que una vez leí, sobre una niña que bailó sin poder parar, hasta que le sangraron los pies. A lo mejor también ella estaba tratando de curar la herida que nunca cierra. A lo mejor eso es lo que todos estamos haciendo. A lo mejor eso es lo que significa estar viva.

EMPECÉ A TOMAR una clase de poesía en una organización literaria local, y resultó ser una de las mejores decisiones de mi vida. Todos los jueves por la noche tomaba el tren para encontrarme con mis compañeros en una pequeña sala de juntas en el centro. Nuestro maestro, Jesús, era un tipo grande y gordo que siempre usaba sombreros ridículos y fumaba cigarros sin filtro en la clase. Era divertido y brillante y nos dejaba los más estrafalarios ejercicios de escritura para despertar nuestro subconsciente. Uno de ellos era un apunte en el que teníamos que escribir la palabra *lámpara* en una hoja de papel y colocarla en la cama a la hora de dormir. Al despertar, teníamos que escribir lo que nos viniera a la mente, sin dejar que nuestro yo racional interviniera. El poema que escribí en respuesta a este ejercicio fue sobre el hombre que ese año había consumido mis pensamientos. Una parte se me ocurrió mientras caminaba sola una noche. Me detuve en medio de la calle para escribir una imagen de semen luminoso escurriéndose por una hoja blanca.

Había muchos momentos así. Encontraba inspiración a cada paso, y había momentos en que casi no podía soportarlo.

En mi clase se formó una camaradería con la que siempre había soñado. Después de cada sesión, casi todos nos íbamos a un bar cercano a beber cerveza, comer tapas y continuar nuestras discusiones sobre poesía. Me encantaban esas noches. Todos éramos muy diferentes: una chica gótica, un adolescente, un empresario cuarentón, una veinteañera pija explorando su angustia. Estaba también María, "la del nombre difícil", que era mi favorita del grupo y que años después se convirtió en una de las autoras feministas más importantes del país. A mí me decían "la Gringa" de cariño. Yo fui la que escribió el poema sobre un lince hembra comiéndose a sus cachorros.

Siempre había sido una ermitaña, y por fin había encontrado a mi gente.

FUI UNA NIÑA MAL PORTADA, lo que con toda seguridad no sorprenderá a nadie. Me ponían malas notas en "Ejercita el autocontrol" porque ni mi mente ni mi trasero sabían estar quietos. Como es de esperar, también soy malísima para hacer planes. Cuando viajo siempre tengo un puñado de propósitos y ninguna agenda real.

Todo lo que quiero hacer es comer, perderme y ver gente pasar. Los programas rígidos me deprimen. Por eso nunca he podido tener un trabajo de persona normal sin amargarme. Prefiero que me sorprendan, aparecerme con pocas expectativas en un lugar y ver qué me depara el día. A veces me llega una idea mientras realizo alguna tarea mundana y tengo que dejar lo que estoy haciendo para escribirla. Me distraigo fácilmente y mi estado de ánimo puede ser impredecible. El mundo no está hecho para gente con temperamento como el mío. Siempre he luchado por mantener una apariencia de normalidad para ganarme la vida y simplemente existir, pero mi mente suele ser un remolino de ensueños.

En *Una guía sobre el arte de perderse,* volumen de ensayos autobiográficos de Rebecca Solnit, esta autora describe el placer de someterse a lo desconocido. Dice sobre Virginia Woolf: "Para ella, perderse no se trataba tanto de la geografía como de la identidad; era un deseo apasionado, incluso una necesidad urgente, de convertirse en nadie y cualquiera, sacudirse los grilletes que te recuerdan quién eres, quién piensan los demás que eres". Este deseo de abandonar el yo (quizá, más precisamente, el ego) es también por lo que me encantan la poesía y otras formas de arte. Quiero regodearme en lo que no entiendo.

He sentido cierta afinidad con Virginia Woolf desde que leí *La señora Dalloway* en mi clase de Inglés en primero de secundaria a los catorce años. El descontento que la protagonista encarnaba me resultaba muy familiar. Después de terminar el libro vi la película *Las horas,* basada en el libro de Michael Cunningham. Me fascinó la cinta, sobre todo la escena en la que Woolf está acostada en el suelo mirando fijamente un pájaro muerto (he perdido la cuenta de las veces en la vida que un pájaro muerto me ha hecho perder la chaveta). En *Una habitación propia,* Woolf escribió: "La belleza del mundo … tiene dos filos: uno de risa y otro de angustia, y parte el corazón a la mitad". También ella reconocía el duende, tanto que se metió caminando a un río y se ahogó.

MI TRABAJO DE PROFESORA AYUDANTE era en una secundaria de un barrio cercano de las afueras; para ir tenía que tomar dos trenes y caminar un chingo. Pronto me di cuenta de que no me encantaba dar clases. Los estudiantes estaban descontrolados y no les gustábamos ni mi acento ni yo. ¿Cómo lo supe? Ellos me dijeron. Estaban acostumbrados al inglés británico y creían que la versión estadounidense era inferior. Uno dijo que sonaba como si estuviera hablando con algo en la boca. Nunca especificó qué, pero empleé mis habilidades para el razonamiento deductivo, porque soy muy lista. Lo hacía porque era mi chamba, pero no lo disfrutaba. Era evidente que no me respetaban, y con frecuencia me sentía como una curiosidad.

La mayor parte del tiempo me negué a hablar español castizo en mi año en Madrid. En ocasiones sí ajustaba mi dicción para ser más clara, pero como mencioné antes, estaba decidida a serle fiel a mi identidad mexicana. Nunca usé el *vosotros,* por ejemplo. Me quedaba con *ustedes, tú* y *usted* y suponía que todo mundo me entendería perfecto. Y la mayoría sí, pero algunos se ofendían por mi uso formal de *usted* cuando me refería a ellos. Lo usaba por respeto, en especial con extraños, figuras de autoridad y gente considerablemente mayor que yo, pero para algunos parecía como si estuviera siendo distante y poco amistosa.

Algunos de los otros estadounidenses que conocía hablaban con acento español y ceceo. Yo hacía todo lo posible por evitarlo, pero era inevitable que en algún punto penetrara en mi manera de hablar. Una vez, hablando por teléfono con mi madre, me oí a mí misma decir "grathias" en lugar de "gracias" y me dio mucha vergüenza. Deseé que no lo hubiera oído porque me sentía como una pinche mojigata. Mi mamá es una mujer humilde y no quería que pensara que me estaba dando aires de grandeza.

La gente a veces me pregunta si sufrí racismo cuando estuve en España y la respuesta es complicada. Mi ambigüedad racial me permitía camuflarme casi todo el tiempo. Soy morena entre claro y medio, dependiendo de la estación, y la mayoría de los españoles no sabían dónde ubicarme. Algunos desconocidos me hablaban en árabe y amablemente tenía que hacerles saber que yo no hablaba su idioma. A veces los locales se reían de mi español como si fuera una pueblerina. Cuando les explicaba que era mexicana-estadounidense, se quedaban perplejos. Se preguntaban cómo podía ser ambas cosas y por qué tenía un acento extraño. A mí me costaba entender qué era eso tan difícil de entender. Lo que quería decir era: "Tu gente colonizó salvajemente el Nuevo Mundo, con lo que nacieron mestizos en la tierra que se convirtió en México; luego, cientos de años después, gracias al neoliberalismo y la corrupción, estos mexicanos, en busca de trabajo, emigraron a los Estados Unidos, donde los explotan laboralmente y los tratan como animales. Soy la hija de esos inmigrantes, y por eso mi acento no es del todo mexicano. Luché para terminar la universidad y ahora heme aquí, con una beca de lujo".

Yo no era de ningún lugar y a la vez era de todas partes. Sigo viviendo en esa contradicción. Creo que se nos olvida que la gente se compone de multitudes y contiene muchos yoes. Nunca fui totalmente mexicana o estadounidense, y en España me encontraba aún más desorientada, así que, en un sentido, me convertí en mi propio hogar. Virginia Woolf una vez dijo: "Como mujer, no tengo país. Como mujer, no quiero ningún país. Como mujer, mi país es el mundo entero".

Cuando no sientes pertenecer a ninguna parte, aprendes a hacer un nido en lo desconocido.

A VECES ME PREGUNTO quiénes seríamos sin la conquista del Nuevo Mundo. Yo probablemente no existiría, o quizá una versión de mí sí. ¿Cómo sería nuestra cultura? ¿Cómo les iría a las mujeres en un lugar así? A veces me enojo muchísimo con lo que se siente como una misoginia interminable y quiero culpar a alguien, pero la verdad es que lo que nos ha traído hasta aquí es una trama de odio muy complicada. Por eso trato de no romantizar las civilizaciones indígenas en este contexto o en ningún otro. A algunas personas les gusta pretender que los tiempos precolombinos fueron idílicos. Una vez tuve una discusión inútil con un mexicano que insistía en que el machismo se había importado de España, como si todas las mujeres originarias del Nuevo Mundo vivieran en una especie de utopía feminista. No niego que la versión del patriarcado del Viejo Mundo se haya importado a las colonias, pero no creo que debamos engañarnos pensando que a toda la gente, en especial a las mujeres, le iba mejor ahí. A veces me pregunto morbosamente cuántas mujeres fueron violadas para que yo existiera. De acuerdo con un antropólogo, el típico hombre azteca esperaba que su mujer estuviera "atada a su metate, al comal y a la preparación de tortillas". Las mujeres existían para hacer bebés, servir a los hombres y transmitir la cultura y las tradiciones. Los hombres valoraban la virginidad, eran polígamos y a menudo tenían concubinas. Me parece ilusorio pensar que los europeos (o cualquiera, para el caso) tienen el monopolio de la misoginia.

SE ME HACE CHISTOSO pensar en lo feminista que me creía mientras al mismo tiempo era *la otra* de una persona. Creía que Abdul me amaba a su manera (un poco jodida, sí), y él me llamaba casi todos los días, pero seguía casado y cometiendo maltrato emocional. Me costó un chingo reconciliar todo eso. Supongo que es más preciso decir que reprimía muchos de mis sentimientos encontrados. Estaba tan desesperada por ser vista, amada, reconocida, que habría hecho lo que fuera para mantener algo que se pareciera a las cosas que nuestra relación me daba. Era como una enfermedad... una a la que demasiadas mujeres sucumben. Permití que Abdul me manipulara hasta quedar tan enredada y confundida que no podía razonar. Un día yo era el amor de su vida, al día siguiente no quería tener ningún contacto conmigo. Era un estira y afloja interminable y espantoso que se sentía como si no hubiera escapatoria.

Lo puedo culpar de todo lo que pasó, pero no sería justo ni exacto. Sí, era mayor que yo; sí, era un hombre y por lo tanto tenía más poder. Pero tuve muchas oportunidades de dejarlo (teníamos un océano de por medio, con un carajo) y decidí no hacerlo. Decidí quedarme. Tenía la capacidad de acción y escogí mi propia opresión. Pero ¿qué tanto podía elegir tomando en cuenta la vida que había tenido? Era prácticamente una niña, ¿y quién me había enseñado a quererme a mí misma? Vivo con esa maraña de verdades.

Por varios meses me obsesioné con la posible visita de Abdul. No lo había visto desde septiembre y el plan era que fuera a verme en algún momento de enero. Conforme se acercaba la fecha, a los dos nos preocupaba que no le dieran visa de visitante, porque el mundo en ese entonces era muy antimusulmán (¡y todavía!). Era 2007, en plena guerra de Irak, y el 11-S aún era reciente. Los dos estábamos exultantes cuando le dieron permiso para viajar, y al principio del año nuevo le dijo a su esposa alguna mentira sobre visitar a su familia en Inglaterra y vino a verme a Madrid.

Esa semana estaba que no me lo creía; ¡era tan irreal! Al fin, después de unos meses de haber abrigado tanta añoranza, esta se iba a saciar. Estar en el mismo sitio y a la misma hora era alucinante.

Al día siguiente de su llegada tomamos un autobús a Granada para ver la Alhambra. Fue un mal momento porque el complejo estaba a punto de cerrar, así que solamente pudimos correr por los prados inmaculados y los patios mágicos. El sol estaba por ponerse y la luz era perfecta. Tomamos fotos vulgares de nosotros besándonos. Nos cogimos de la mano y nos miramos a los ojos.

La mañana siguiente nos fuimos a Córdoba. El viaje en autobús me mareó y cuando bajamos pensé que iba a vomitar. Esperaba que Abdul me apapachara y me tratara como a una frágil princesita, pero en vez de eso prendió un cigarro, con lo que mis náuseas empeoraron. Se lo dije y fingió no haberme oído.

Hurté una naranja de uno de los omnipresentes naranjos. Ya en el cuarto de hotel, la roí, decepcionada de que fuera tan ácida que resultaba casi incomible. Más adelante supe que las naranjas eran decorativas y que no eran para comerse. Qué idea tan extraña. Todo en ese viaje ocurrió tan rápido que todos los recuerdos se me revuelven en la cabeza, aunque sí recuerdo que en un intento por ser romántico, Abdul alquiló un carro tirado por caballos para que nos llevara a la estación de autobuses para volver a Madrid.

Me llevó de Chicago un sari color rojo sangre bordado en plata. Era una de las prendas de ropa más hermosas que yo hubiera tenido, y todavía lamento haberla perdido en una de mis múltiples mudanzas, aunque el plateado había empezado a deslustrarse. Teníamos planes de ponernos elegantes para tener una cena agradable una de sus últimas noches en Madrid, pero ninguno de los dos tenía la menor idea de cómo se pone una el sari. Buscamos en internet y seguíamos sin entenderlo, así que Abdul sugirió que saliéramos a mi barrio en busca de alguna mujer india. Yo no tenía una idea mejor, así que recorrimos las calles con la esperanza de encontrar a una mujer que pudiera ayudarme a vestirme.

Después de vagar un rato por Lavapiés, entramos a una frutería. Abdul le habló al dueño en urdu, y unos minutos después apareció su esposa, que me llevó a un cuartito trasero sucio y estrecho donde me envolvió en el sari. Nos reímos de lo tonto que resultaba todo aquello.

Inmediatamente antes de que se fuera, Abdul y yo caminamos por la Calle de la Montera. Decidió pararse en un teléfono público para llamar y saber cómo estaba su hijo. No podía marcar de mi departamento por si acaso mi número aparecía en el identificador de llamadas. Me alejé unos pasos para que pareciera que estaba dándole privacidad, pero trataba de entender cada palabra. Hablaban en urdu, así que tuve que basarme en su tono de voz.

Mientras esperaba, un hombre dio vueltas alrededor de mí, dando por sentado que yo era una trabajadora sexual.

Al final de la llamada telefónica, Abdul se rio. De qué, nunca lo sabré. No pregunté.

POCAS SEMANAS DESPUÉS DE LA PARTIDA DE ABDUL, cuando regresaba a Madrid de un viaje a Salamanca con amigos, recibí un mensaje de texto en el que me decía que no quería volver a verme. Después de su visita, eso era demasiado para mí. Finalmente algo se había hecho añicos en mi interior. Resultó que fue su esposa quien envió el mensaje, lo que solo empeoraba la situación. Abdul dijo que ella le había quitado el teléfono. Se deshizo en disculpas, pero esa vez no pude perdonarlo. Estaba destruida.

A veces, en vez de perderme solo por sentir la libertad y escapar de mi propio ego, quería aniquilarme: perderme en alguien más, perderme en el placer, desaparecer porque el acto de vivir era demasiado doloroso. Quería dejar mi cuerpo y entrar en alguien más. Quería estar saturada con la presencia de otro hasta desvanecerme, aunque fuera algo efímero.

VINO DESPUÉS EL hombre mexicano quince años mayor que yo que me pidió dinero prestado. Me deshice de él rapidísimo porque no me odiaba *tanto* a mí misma. Luego vinieron los dos Moham- med. El primero era mi carnicero, un marroquí de veintitantos. Coqueteaba con él mientras se ocupaba de mi carne, lo cual sue- na a broma pero es literal. Por lo general tenía cortadas en manos y brazos, lo que ahora me hace caer en la cuenta de que quizá no era el mejor carnicero del mundo. El cotorreo juguetón (básicamente él diciendo quién sabe que en su español entrecortado y yo riéndome) duró varias semanas hasta que una tarde lo vi en la calle y sugerí que esa noche me invitara a salir.

Esa noche fuimos a un salón de baile y luego de vuelta a mi casa. Tuvimos relaciones sexuales y, por primera vez en mi estúpida vida, el condón se rompió. Yo de verdad creía que eso era un mito. Estaba *horrorizada,* al borde de la histeria, y lo corrí de mi departamento. Estuve obsesionada dos días hasta que me di cuenta de que debía tomarme la píldora del día después antes de acabar embarazada. Después de algunas averiguaciones, me dirigí a una clínica en el centro, donde una mujer amable me dio una receta a pesar de que, según supe al llegar, yo era demasiado vieja para estar ahí (era una clínica para personas de menos de veinte años). La píldora me provocó náuseas. Esa noche deambulé por la calle e hice una evaluación de mis estúpidas decisiones de vida con lágrimas en los ojos.

Mohammed y yo seguimos viéndonos unas semanas. Su español era muy entrecortado y yo no hablaba ni pizca de árabe, así que la comunicación era difícil. La mayoría del tiempo nada más teníamos relaciones sexuales y nos reíamos de nuestra incapacidad de tener una conversación.

Conocí al otro Mohammed en la fiesta de cumpleaños de mi amiga María. Empezó a ligarme con la frase "¿Tú eres la chica mexicana?". Era tunecino pero hablaba un español perfecto, tanto que tenía las habilidades lingüísticas para ser comiquísimo. Incluso tenía un doctorado en Literatura Española. Lo envidié, porque mi español aún no estaba lo bastante pulido para ser tan chistosa como quería; a menudo, cuando traducía mentalmente mis chistes, daba trompicones.

Esa noche compartimos un camión al centro de la ciudad. Yo me iba a París al día siguiente, así que no podríamos vernos hasta después de una semana.

La noche que regresé de mi viaje, Mohammed y yo fuimos a un tablao flamenco. Estaba en un sitio subterráneo precioso lleno de velas y elementos de madera. La música era maravillosa y la tensión sexual entre nosotros, inconfundible. En algún momento de la representación volteamos a vernos y empezamos a besarnos. No podíamos parar. La música, el ambiente, la anticipación lo volvían muy embriagante. Nos fuimos poco después, porque no podíamos dejar de toquetearnos. Esa noche no nos acostamos porque no quería que pensara que yo era un poco puta. Me gustaba; era divertido y discretamente guapo. Poco después dejé al carnicero, pero reconozco que se traslaparon unos días.

Después de tres semanas, aproximadamente, le hice el obsequio de mi sexo. Después de un brevísimo coito, sin embargo, ya no pudo lograr otra erección. Lo que quiero decir es que, salvo una vez, nunca más tuvimos la capacidad física de realizar un coito peneano-vaginal. Tenía unas inseguridades y ansiedades muy profundas que yo no alcanzaba a comprender. Cada vez que lo intentábamos, se exasperaba.

Esto se prolongó varias semanas, hasta que regresé a Chicago. Era primavera y mi partida estaba programada para el 1 de julio. A veces me pregunto por qué seguía saliendo con una persona incapaz de satisfacer mis necesidades más básicas. En un sentido, usé un cuerpo para reemplazar otro. Estaba tan desesperada por obtener su cariño que planeé un viaje romántico a Sevilla antes de irme. En mi ingenua imaginación, creía que el escenario lo mejoraría todo. Que si estábamos en un lugar diferente, a lo mejor él podría relajarse y podríamos consumar como Dios manda la relación: una relación que, sin sexo, era sumamente confusa.

Por supuesto que eso no funcionó. El viaje fue un desastre y terminó con nosotros en la habitación de hotel borrachos hasta las chanclas. Traté de seducirlo pero, una vez más, nada. Me paré al pie de la cama con mi ropa interior negra de encaje, con la cara surcada por las lágrimas y el maquillaje corrido, y, señalando mi cuerpo, grité: "¡Esto debería bastar!". En retrospectiva, quisiera haber entendido en ese entonces que su impotencia no tenía nada que ver conmigo. No es el momento del que más orgullosa me sienta y, por supuesto, mi arrebato solo sirvió para empeorar las cosas.

Siempre ha habido una parte de mí inmensa y vacía. Aunque tengo una intensa vida interior y encuentro mucho sentido en los libros, el arte, la escritura y las relaciones, muy dentro de mí hay algo que se siente como una fosa insaciable. Sin importar las circunstancias, nunca es suficiente. Quizá esa sea una manera de describir mi depresión: un deseo insaciable que, en mi infructuoso intento de satisfacerlo, me hará destruir todo a mi paso.

La belleza en sus diversas formas es lo que me hace sentir más completa: un poema que me oblitera, una pintura que me deja sin aliento, una canción que me llena de un asombro inexplicable. Pero ya que eso pasa, ahí están otra vez la ausencia, el vacío, la necesidad, el hueco enorme de nada. He tratado de llenarlo con todo lo que podía: sexo, hombres, cigarros, alcohol, viajes, comida, y por lo general viviendo de modo temerario y, con ello, haciéndole daño a mi cuerpo; pero esos bálsamos solo eran temporales. De hecho no eran bálsamos en absoluto.

La noche antes de partir tuve una gran cena con mis compañeros de clase, mi compañera de piso y todos los amigos que había hecho durante mi año en Madrid. Los de la clase de poesía me hicieron un cartel con mensajes dulces y tontos. Me di cuenta de que era querida.

Después de cenar salimos a la calle. Era el fin de semana del *Pride* y la ciudad estaba desbordante de gente. Por momentos me entraba el pánico, pero me emocionaba la energía de todo aquello. Era lo que había estado buscando cuando llegué: luces brillantes, exuberancia, amistad, poesía. Recorrimos la ciudad tambaleándonos y bailamos. No quería que terminara.

ESA MAÑANA estuve sollozando mientras esperaba el avión, nostálgica ya desde entonces, y tan cruda que me sentía como un recipiente de carne lleno de un veneno no muy letal. La mujer a mi lado me preguntó si estaba bien, preguntándose si algo malo había ocurrido. Cuando no tuve una buena respuesta, se molestó.

—Pensé que alguien había muerto —me reprendió y se dio la vuelta.

¿Pero cómo podría explicarle que no quería dejar un lugar que me había dado tanto? ¿Que había viajado hasta ahí para escapar de mí misma, mi aburrimiento y mi sufrimiento, solo para reencontrar todo eso a cada momento?

LA MALA VIDA

Cuando nací, mi cordón umbilical estuvo a punto de estrangularme. En algunos de mis momentos más oscuros digo de broma que fui un feto con tendencias suicidas. No es del todo hiperbólico, tomando en cuenta cuánto tiempo he pasado deprimida en mis treinta y siete años de existencia. Siempre he tenido talento para el drama.

Pero fui extraña desde mucho antes de nacer. Dice mi madre que a los siete meses de embarazo me oyó llorar en su matriz. Se sentó en nuestra vieja sala mientras mi hermano, que en aquel entonces tenía cinco años, jugaba con sus juguetes en la fea alfombra café. Me retorcí dentro de ella y se acarició la barriga para tranquilizarme. Dice que fue breve pero inconfundible: lloré. Luego me tranquilizó, dijo que todo estaba bien, que le emocionaba que ya pronto me vería y que me querían.

Dejé de llorar.

Poco después, mi madre le habló a una compañera de trabajo sobre este incidente. Según esta mujer, se supone que los bebés que lloran en el útero son genios o tienen algún don. Yo no diría que soy un genio, pero siempre supe que era diferente, con una sensibilidad muy aguda; me sentía como si caminara por el mundo desollada.

Mi mamá dice que también a ella la invadió la melancolía. Nunca había estado tan exaltada como cuando estuvo embarazada de mí. Todo le hacía llorar. La gente no podía ni siquiera mirarla sin que ella se soltara a llorar. Yo le dolí desde antes de llegar.

"¡CÓMO TE GUSTA LA MALA VIDA!", me ha dicho mi mamá muchas veces a lo largo de los años. Sospecho que muchas otras muchachas morenas reciben las mismas amonestaciones de sus familias. Mi madre creía que yo siempre elegía el camino más oscuro y espinoso cuando tenía al alcance uno todo prístino. Pero "la muchacha se harta de la rosa", ¿me entienden? Aunque en aquel momento puse los ojos en blanco, ella tenía razón. Es cierto que yo complicaba mi vida mucho más de lo necesario. Buscaba el drama y andaba a la caza de obstáculos, tanto consciente como inconscientemente. Me aburrían la normalidad y la estabilidad. Quizá ésta sea una de las razones por las que me volví escritora, específicamente poeta. ¿Que todo apunta a una vida de pobreza, oscuridad y conflicto? Muy bien, por favor anótenme. Siempre me tonifican los grandes riesgos, la posibilidad de un fracaso monumental.

A MI MAMÁ LE GUSTA contar una anécdota de cuando yo tenía dos años que es una especie de premonición de mi temeridad. Mi familia estaba afuera de la casa de mis abuelos en México y me dejaron sola apenas unos momentos. Para cuando voltearon a verme, yo ya estaba trepándome por la escalera que estaba recargada en el muro y ya estaba más cerca del techo que del suelo. Todo mundo estaba asombrado, temeroso de que me desplomara y muriera. "¡Cuerpo sin alma!", gritó mi abuelo. Vista en retrospectiva, esta descripción es exacta, porque siempre sentí que mi alma, o lo que fuera, no encajaba en mi cuerpo. Sentía demasiado. No funcionaba.

Al final me rescataron y quedé intacta. Con las piernas temblando, mi mamá subió por la escalera y me bajó.

Una noche, en ese mismo viaje, mi mamá tuvo una premonición cuando yo ya estaba durmiendo. Agobiada por una vaga preocupación, levantó mi almohada y encontró un ciempiés. En mi recuerdo, sin embargo, siempre ha sido un alacrán, porque a veces recordamos la versión que preferimos. De sus tres hijos, soy la que más lata le ha dado a mi madre, y creo que el viaje fue un presagio de lo insoportable que llegaría yo a ser.

En *Cien años de soledad*, Gabriel García Márquez escribió que "los seres humanos no nacen para siempre el día en que sus madres los alumbran, sino que la vida los obliga a parirse a sí mismos una y otra vez". Esto me recuerda la pintura de Frida Kahlo *Mi nacimiento*, en la que su cabeza adulta está saliendo de su propia vagina. Escribe en su diario que en la pintura está pariéndose a sí misma. Así es también como yo percibo mi nacimiento: brutal, sangriento y grotesco.

MI MAMÁ SOLÍA asistir a un círculo de oración los sábados por la noche en el barrio Little Village de Chicago. Los inmigrantes mexicanos se reunían a discutir sus dificultades y a darse apoyo emocional y espiritual. A mí me chocaba ir pero tenía siete años y no tenía la libertad para decidir. Mi madre me llevaba a rastras cada pocas semanas y yo me sentaba en el banco muerta del aburrimiento, esperando a que terminara. Ahora pienso que era una hermosa comunión de personas oprimidas, pero en ese momento yo estaba muy chica y demasiado deprimida para darme cuenta. Una noche tuve lo que mi mamá llamó "la chiripiorca", un berrinche, según la palabra acuñada en el ya mencionado programa clásico de la televisión mexicana *Chespirito*. Empecé a llorar por alguna misteriosa razón y ella no pudo calmarme. Me preguntaba qué me pasaba pero yo estaba inconsolable y no sabía cómo expresar lo que me pasaba. No recuerdo qué lo había provocado, pero estoy segura de que no quería estar ahí. Detestaba la iglesia, y la tristeza me iba envolviendo sigilosamente como una neblina densa cada vez que estaba ahí. Ya era propensa a los accesos de depresión, y cualquier cosa relacionada con la iglesia los exacerbaba. Esa noche todo mundo se congregó a mi alrededor para rezar por mí, pero no sirvió de nada. Seguí desconsolada. Mi mamá tuvo que llevarme a casa.

Me hice atea a los doce años, cuando me di cuenta de que la iglesia católica odiaba a las mujeres. Había muchas cosas que para mí no tenían ningún sentido. ¿Por qué las mujeres no podían ser curas? ¿Cómo se había hecho a Eva a partir de la costilla de un hombre? ¿Y qué eran todos esos sermones sobre obedecer a nuestros padres y nuestros maridos? Mis preguntas nunca obtuvieron respuesta.

Dejé de creer en Dios completamente porque no había ninguna explicación razonable para el sufrimiento, incluyendo el mío.

¿Por qué todo dolía tanto? ¿Por qué los niños africanos se morían de hambre en los comerciales que pasaban en la temporada navideña? ¿Por qué los hombres violaban? ¿Por qué se sentía como si mi corazón todo el tiempo estuviera escindiéndose, como una fruta que cae del árbol?

Mi hermano mayor, que ya dominaba el arte de la duplicidad, aprendió a cumplir con las formalidades y fingir que creía con tal de que lo dejaran en paz. Yo, por el contrario, no podía quedarme con la boca cerrada. Quería que me *entendieran,* quería que vieran quién era yo. El método más fácil habría sido asentir con la cabeza, sonreír y seguirle la corriente a la cosmovisión de mis padres, pero, como mi mamá reiteradamente señalaba, me gustaba complicarme la vida. Siempre he sido mala para fingir. Aunque con frecuencia les mentía a mis padres cuando querían saber dónde estaba, no podía mentir sobre algo tan importante.

A pesar de mis incesantes protestas, mi madre me amenazaba con castigarme y me llevaba a rastras a la iglesia. Todos los domingos por la mañana tenía que aguantar una misa interminable; la cabeza me daba vueltas como pájaro confundido. Me ponía a observar a los otros feligreses para entretenerme y no quedarme dormida. Lo que más me divertía eran los cortes de pelo chistosos y los atuendos feos; de eso había en abundancia. Observaba a los santos con sus ojos en blanco en los vitrales. Me preguntaba por los borregos y los hombres con pesadas túnicas color café y bastones de madera. ¿Qué significaba todo eso? ¿Y qué tenía que ver conmigo? Trazaba las costillas prominentes de Cristo colgando de la cruz y me daba vergüenza el coro carente de oído musical. Había algo en todo ello que me espantaba, pero no sabía bien qué.

El catolicismo se sentía como una bolsa de piedras con picos amarrada a mis pies.

No creo que sea una coincidencia haber descubierto la poesía más o menos por esa misma época. Estaba en busca de un escape, un lugar donde ser yo misma, ser libre en un mundo al que no pertenecía. En sexto grado leímos a Edgar Allan Poe y me quedé embelesada por la música, la imaginería oscura y la sensación de distanciamiento de sus poemas. Una silenciosa ferocidad florecía dentro de mí y decidí que la poesía era lo que yo estaba destinada a hacer. Solía presentarme como "poeta". Ahora me río de mi atrevimiento. No es por nada, pero era una cabroncita descarada.

Mi depresión siempre convertía la felicidad en una hija de puta inconstante y fugaz. En ese entonces no tenía nombre ni forma; era algo que no podía entender o expresar: un recipiente para mi dolor. Todo lo que sabía era que había una tristeza que se cernía sobre mí como una nube pegajosa que hacía difícil estar viva. Podía ubicar con exactitud momentos específicos en los que creía ser feliz, pero nunca duraba mucho. Donde más encontraba consuelo era en la lectura, la escritura y la música. La felicidad era anormal, algo digno de aplauso y celebración. Si estaba de buen humor durante algo más que unas cuantas horas, era casi asombroso. Me enojaba estar viva, tener que existir en forma humana. Quería desaparecer. Empecé a pensar en el suicidio cuando tenía aproximadamente trece años. A veces me llevaba al baño mi estropeada grabadora portátil para ahogar el sonido de mi llanto mientras estaba en la regadera.

De niña siempre viví en el futuro; mi mente se la pasaba imaginando la versión más vieja de mí misma: viajando, escribiendo y haciendo lo que quisiera. El presente me resultaba soso y agobiante, y el futuro encarnaba una libertad sin límites. Mi mundo interior siempre ha sido sagrado para mí, y podía pasar todos los días tratando de describirlo. Quizá en eso consiste toda mi escritura: la incapacidad de describir lo inefable. He dedicado mi vida entera a dicho fracaso.

Cuando tenía ocho años, mi mamá, mi hermano mayor y yo hicimos un viaje a Los Ángeles para visitar a unos parientes; eran nuestras primeras vacaciones sin contar nuestros viajes por carretera a México en el verano. Una tarde mi tío nos llevó en coche a Malibú, y mientras yo estaba en la playa con mi traje de baño mirando las olas descomunales, algo me abrumó. La visión era casi demasiado hermosa para poderla asimilar. Sentí la expansión del universo en mi cuerpo y me hizo temblar.

A los quince años tuve mi primer internamiento psiquiátrico. Poco después viajé a México con Claudia, mi mejor amiga, y su familia. Una tarde fuimos en bicicleta al campo y me detuve a descansar en la sombra. Junto a mí había un charco de lodo con unos reflejos delicadísimos y hermosos, y me quedé ahí sentada mirándolo con incredulidad.

Siempre supe que era espiritualmente deficiente. No era tanto pobreza (yo tenía una rica vida interior) pero definitivamente era una especie de desnutrición que había decidido no encarar. Desde muy chica decidí que el catolicismo no era lo mío, pero seguía anhelando algo que me ayudara a orientar mi vida. Con frecuencia, mi depresión era debilitante, y me preguntaba si habría una manera de entenderla. ¿Había algo que pudiera disminuir el dolor que siempre cargaba conmigo? La poesía era lo más cercano que tenía a la religión, y aunque la amaba con todo mi ser, seguía sintiéndome desconectada del mundo, incluso irrelevante, y esa inquietud siempre lograba corroerme.

En el budismo, a ese malestar se le dice *kha,* que significa "cielo", "éter" u "hoyo". En su libro *The Faraway Nearby,* Rebecca Solnit explica que esta palabra puede traducirse como "discordia o disturbio, la antítesis de la armonía o la serenidad". El concepto de apego en la filosofía budista es una de las principales causas del sufrimiento. Como seres humanos, nos aferramos a cosas que son temporales, y eso a menudo nos lastima. Los budistas creen que si aceptáramos la naturaleza impermanente de la vida, apreciáramos el momento presente y soltáramos los deseos que nos causan daño, podríamos tener vidas más felices. Yo siempre quise mucho, así que esa idea explicaba gran parte de mi tristeza. Creo que el arte y la transformación a menudo surgen de esa fricción entre el deseo y la realización, el intento de llenar una ausencia. Tratamos de encontrarle el sentido a nuestra experiencia humana. Tenemos que hacerlo.

Aunque en los poemas escribía sobre mi sufrimiento, me preguntaba si mi malestar existencial podía solucionarse con una práctica espiritual. Ya había llegado a la conclusión de que el cristianismo era dañino para mí; no podía aceptar la opresión explícita, pero creía que más allá de mí había algo que no entendía: una fuerza o energía que gobernaba al mundo y que lo explicaría todo.

Me compré un libro sobre meditación (o quizá lo robé, no me acuerdo), pero no pude meditar, o eso creí. Una noche me senté en el suelo de mi estrecha habitación y traté de borrar de mi cerebro todo pensamiento. Me imaginé el mar o el cielo, pero mi mente estaba espástica o rígida, y muy rápido me frustré y me rendí. Siempre he tenido poca capacidad de concentración; mis ideas se trepan unas sobre otras. ¿Cómo era posible no pensar absolutamente en nada? ¿Qué clase de brujería era esa?

Durante esa fase decidí que no me importaban las cosas materiales. Me rasuré todo el pelo (nótese por favor que esto era a principios de la década de 2000, antes de que hacerlo fuera común) y en tiendas de segunda mano me compré ropa horrorosa de una talla que no era la mía. Fantaseaba con huir de nuestra sociedad consumista para refugiarme en un monasterio remoto y vivir ahí para siempre. Por mucho tiempo me aferré a esta idea romántica y más bien inexacta del budismo: yo con una toga anaranjada sola en la cima de una montaña.

Aunque muy pronto abandoné la meditación, había algo en la fe budista que por muchos años me estuvo jalando. No sabía bien a bien qué implicaba la práctica, pero creía que los budistas eran más serenos y conscientes que el resto del mundo. También era consciente de que el Buda mismo era un maestro, más que un dios, cosa que me atraía porque nunca me gustó la idea de prosternarme. ¿Ponerme de rodillas para pedirle perdón a una entidad antropomorfa? No me chingues.

Empecé a leer *Hojas de hierba* de Walt Whitman y me intrigó su creencia en el panteísmo, la idea de que el universo es la manifestación de Dios y que la realidad y la divinidad son una y la misma, la idea de que todos somos sagrados. Nunca entendí por qué la fe católica insistía en que somos mugrosos por dentro.

Me encantaban las líneas estiradas de Whitman y su lenguaje frondoso. Un día, regresando de la escuela a la casa, leí el poema "Érase un niño que salía cada mañana". Era primavera y la nieve por fin estaba derritiéndose. Era mi época favorita del año: el final del invierno, cuando el mundo huele a tierra mojada y los pájaros empiezan a regresar. Lloré al leer el poema. Como el niño, a menudo me sentía como si estuviera hecha de todo lo que veía y tocaba. "Las lilas tempranas hacíanse parte de ese niño, / Y la hierba y el dondiego de día, blanco y rojo, y el trébol blanco y rojo, y el canto del febe". El poema me puso nostálgica y eufórica.

También me consolaba una línea de otro poema de Whitman en *Canto a mí mismo:* "búscame en la suela de tus botas". Para mí, la idea de convertirme un día en tierra que nutrirá árboles y flores ilustra la humildad y trascendencia del cuerpo humano.

Por todos estos momentos de interconexión, tenía muchos friqueos existenciales. A veces estaba completamente tranquila y de repente me rozaba la melancolía, que luego se convertiría en una catástrofe interior. En momentos así, nada tenía ningún significado y todo dentro de mí dolía. El mundo latía con una calma insoportable. El tiempo se alargaba como una miel espantosa.

La primera vez que leí *La náusea,* de Jean-Paul Sartre, quedé devastada y al mismo tiempo consolada por la sombría opinión del protagonista sobre sí mismo y todo a su alrededor. Mientras se observa en el espejo se pregunta: "¿A otros hombres les cuesta el mismo trabajo valorar su rostro?". Es la misma pregunta que me he hecho casi toda la vida.

ALREDEDOR DE MIS veinticinco años estaba desesperada por obtener algún alivio espiritual cuando trabajaba en una compañía de marketing en la Torre Sears. Con frecuencia lloraba en el baño de la oficina o caminando a casa tras bajar del tren. La cultura estaba en oposición directa a quien era yo, y me sentía como si me estuvieran poniendo a prueba como personaje de un mito griego. Puede ser que hubiera preferido una eternidad de pájaros picoteándome el hígado a vestirme de oficinista y fingir que me importan un carajo los comerciales de bebidas alcohólicas.

Sabía que estaba deprimida pero no había visto a un terapeuta desde la maestría, dos años antes, y había dejado de tomar medicamentos por completo en mi primer año de universidad, cinco años antes de eso. Ninguno de los antidepresivos que tomé me hizo sentir tranquila jamás, así que los eliminé todos. Un medicamento me dejaba tan anestesiada que me quedaba viendo cualquier cosa con la mirada perdida, algo que en un sentido era más alarmante que angustioso. El dolor lo conocía, pero no tenía idea de qué hacer con la indiferencia.

En esa época abrió un templo budista tibetano nada menos que en mi pueblo natal. Para mí eso no tenía ningún sentido, porque Cícero es un pueblo predominantemente de mexicanos de clase trabajadora, y me atrevería a apostar que casi todos sus residentes son católicos. El centro estaba a unas cuadras de mi casa de infancia, donde a la fecha siguen viviendo mis padres, y se sintió como un presagio.

Me parecía que el hecho de que el templo estuviera ubicado donde antes había habido una galería de arte era otra señal de cuán fuera de lugar estaba. ¿Cuántos mexicanos pobres tenía el mercado de pinturas al óleo? ¿Cómo pudo siquiera estar abierto tanto tiempo ese lugar? No había ido a esa galería desde que era adolescente, e incluso entonces fue porque siempre me encantó el arte y porque en general me cautivaba la arquitectura inusual del edificio. El sitio era oscuro, húmedo, estrecho y desbordante de óleos sin chiste. Ahora estaba de regreso en el edificio como una mujer adulta en busca de guía espiritual.

Me recibió un hombre de ojos azules con un marcado acento sureño que se la pasaba hablando de sí mismo, algo que resultaba desconcertante porque uno de los principios del budismo era soltar el ego. Me llevó a hacer un recorrido del lugar y me explicó que alguna vez había sido un bar clandestino con una puerta secreta, algo que aumentaba la mística del lugar. Poco después conocí a otros miembros, casi todos elitistas y sin el menor interés en mí o en mi búsqueda religiosa. ¿No se suponía que los budistas eran buena onda?

De todos modos asistí a los oficios religiosos dominicales por un tiempo, con la esperanza de que de pronto me cayera algún veinte y todo cobrara sentido. No conocía ninguno de los cánticos y pasé mi primer oficio pensando en los deliciosos frijoles refritos con tocino que había comido la noche anterior. No sé por qué, pero ese ridículo antojo se apoderó de mí. Eso no era lo que había planeado, fantasear con grasas saturadas. *Lo estoy haciendo mal,* dije para mis adentros. Dejé de ir poco tiempo después, cuando un hombre joven empezó a acosarme sexualmente. ¡La vieja historia!

Como cuatro años después, al borde de una crisis nerviosa monumental, me invitaron a un festival internacional de literatura y libertad de expresión en Stavanger, Noruega. Nunca en la vida había imaginado que algún día viajaría a Escandinavia, pero ahí estaba yo, con otros cuatro escritores de Chicago, atiborrándome de pescado en escabeche en el desayuno y discutiendo sobre el papel del arte en la resistencia política.

Uno de los compañeros escritores con que viajé, Jackson, es una persona divertidísima, desparpajada y completamente segura de sí misma, negra, trans y con un ánimo contagioso. A pesar de todas las formas de abuso que le ha aguantado al mundo, Jackson es alguien muy presente y con mucha vida. Me atrajo de inmediato y supe que haríamos buenas migas. Hablamos de raza y de sexualidad con una franqueza que siempre ansío en las amistades. Quería la alegría de Jackson y su seguridad en sí misma. Me gustaba cómo reía con todo el cuerpo. Cuando me dijo que practicaba el budismo no me extrañó.

Nuestro grupo de Chicago conoció a escritores exiliados de varios países arrasados por la guerra. Manal, una poeta de Irak, había salido de su país con su hijo después de que su marido fuera asesinado por motivos políticos. Escribía duros poemas de amor que me recordaban el paisaje nórdico. Un joven traductor afgano contó cómo huyó de su país y fue caminando hasta Grecia después de que los talibanes mataron a su hermano menor por trabajar con soldados estadounidenses.

Algunos de los escritores no hablaban de lo que les había pasado, pero el trauma era palmario. Juntos formaban una pequeñísima comunidad, a pesar de vivir en lugares alejados de ese país frío y desconocido.

Los noruegos eran amables, pero no afectuosos. Esto, pensé, quedaba evidenciado por sus colores apagados y la inquietante ausencia de risa en las calles. Todo mundo era muy comedido y eso a mí, persona impulsiva y animada, me incomodaba. Me sentía como una guacamaya con mi risa estridente y mi ropa colorida.

Aunque no me sentía acogida por la tierra, Noruega era efectivamente hermosa y transformadora. Una de las partes más memorables de nuestra visita fue una excursión a los fiordos. Durante la mayor parte del paseo estuve de pie en la parte delantera del barco y dejé que el viento me azotara y enredara el pelo. El aire olía increíble. Volví a tener esa sensación de ser una con mi entorno y una profunda tranquilidad interior. Mientras veía las montañas y cascadas, lo único que me venía a la cabeza era la palabra "sublime". Me sentía afortunada de estar viva y quería aferrarme a eso para siempre.

AL VOLVER DE NORUEGA seguí sumiéndome en la depresión. Nadie sabía que con frecuencia pensaba en suicidarme y varias veces estuve a punto de ir a un hospital psiquiátrico por mi propio pie. Jackson me invitaba a reuniones budistas; pertenecía a una organización laica que promueve la paz a través del budismo nichiren. Yo siempre tenía alguna excusa para no ir: estaba muy cansada, estaba nevando, tenía que escribir, bla, bla, bla. Pero a la larga conseguí sacarme a rastras de mi departamento y asistir a una reunión en el centro con Jackson.

Siempre me he considerado desprejuiciada, pero reconozco que al llegar a la reunión desconfié. Escuché los cánticos rítmicos al acercarme a la puerta y ser recibida por rostros sonrientes. Todo mundo era tan amigable y cordial que me puse nerviosa. Había cierta euforia que yo jamás había presenciado y me resultó perturbador. ¿Cómo era posible ser tan feliz? ¿Qué clase de píldora se había tragado esta gente? Ahora, recordándolo, me avergüenzo de mí misma. ¿Por qué consideraba a la bondad una anomalía? ¿Tan jodida estaba en ese momento de mi vida que la alegría genuina me espantaba? A pesar de mi escepticismo, la práctica me intrigaba. En teoría, quería aprender más sobre la filosofía, pero había días en que no podía salir de la posición fetal. Intenté cantar, que era algo más tangible que la meditación, pero seguía sin entender bien a bien. Me sentía avergonzada y a veces incluso estúpida.

Ese invierno Jackson se fue a vivir a Los Ángeles, y si no hubiera sido por su amigo Andy, que inevitablemente también se hizo amigo mío, probablemente me habría dado por vencida. Andy me espoleaba con mucho tacto para asistir a las reuniones a pesar de que yo frecuentemente terminaba por cancelarle. Era como si alguien estuviera entregándome un elíxir para salvarme la vida y yo reiteradamente lo tirara de un manotazo. Si bien el Prozac, la terapia y haber renunciado a mi estresante trabajo de relaciones públicas me ayudó a salir de mi depresión, sabía que algo seguía faltándome a un nivel fundamental.

Varios meses después de mi primera reunión, tras muchas pausas, inicios y dudas, me convertí oficialmente, lo cual incluía recibir un pergamino y un objeto de devoción y poner mi altar. Nunca había confiado en la felicidad, pero estaba decidida a aprender cómo lograrla.

Creer que un ser superior tiene mi vida en sus garras no sólo me parece absurdo sino sádico. ¿Qué clase de Dios, por ejemplo, me daría una depresión debilitante y voluntariamente le endilgaría a la humanidad el genocidio, el cáncer infantil y a Donald Trump? ¿Por qué alguien querría creer en un ser tan cruel? No es la clase de dios en el que yo querría creer jamás. Suena a que es un cabrón.

El budismo, en cambio, me pedía que creyera en la ley de causa y efecto, algo que puede ser demostrado por la ciencia. Por consiguiente, al karma, que es el principio espiritual de la práctica, le encuentro mucho sentido. Mucha gente cree equivocadamente que el karma es cosechar lo que has sembrado, u obtener lo que mereces. Quisiera que así fuera. (Si eso fuera cierto, Donald Trump viviría en un montón de basura por el resto de su vida con múltiples parásitos agasajándose con él, e incluso entonces pasarían siglos antes de que pagara por lo que ha hecho.) "Karma" significa literalmente "acción" y contiene el poder y los resultados dentro de nuestras acciones. En el budismo no hay un cielo y un infierno donde se recompense o castigue a la gente por cómo ha vivido. El budismo sostiene que lo que haces, sea bueno o malo, tiene consecuencias, aunque no las veamos mientras vivamos. Esas consecuencias pueden demorarse y se manifiestan de maneras complicadas.

Otro principio del budismo que a mí me dice algo es la relación de todas las cosas entre sí, que es un concepto que ya creía por todos mis años de haber escrito y estudiado poesía. Así, en vez de imponerme una doctrina absoluta, el budismo me pedía que considerara cómo mis acciones podrían afectar a otros.

Esto me resultó mucho más tranquilizador que la idea de una especie de titiritero cruel en el cielo que jode al universo a capricho. ¿Mi vida como una acumulación de causas antes, durante y después de mi existencia? Con eso sí puedo lidiar. A través de esta nueva lente empecé a notar cómo a menudo creaba yo mi propia infelicidad. Como escribió el Buda Nichiren: "la desgracia viene de nuestra propia boca y nos arruina".

Veo mi propia vida como una transformación del karma que heredé. Nací en una familia de inmigrantes de clase trabajadora. Las mujeres que me antecedieron estaban empobrecidas y tenían poca capacidad de acción. Soportaron adversidades y maltratos que yo no puedo ni imaginar. En lugar de perpetuar ese ciclo, decidí que mi destino no sería ese. Yo no elegí mis circunstancias, pero decido cómo reaccionar a ellas. Y aunque sé que parte de eso fue mi responsabilidad personal, también soy consciente de mis privilegios: soy ciudadana estadounidense, nací en una época y un lugar menos hostil hacia las mujeres, no tengo discapacidades, soy casi completamente heterosexual, soy de piel relativamente clara, tuve acceso a la educación. Sin embargo, no dejo de ser una mujer morena en los Estados Unidos. Esta mierda no es fácil. Espero que al cambiar muchas de mis circunstancias logre crear mejores condiciones para mis hijos.

LAS MÍSTICAS MEDIEVALES se mortificaban para acercarse a Dios. La primera vez que leí sobre ellas me fasciné con esa práctica esotérica: castigar el cuerpo por su naturaleza pecaminosa para extinguir en él todo lo terrenal. Me fascinaron en especial sus herramientas para la autoflagelación, como el cilicio, las varas y los látigos. ¿Por qué alguien elegiría vivir así? En ese caso, el sufrimiento no era una consecuencia inevitable de estar vivo; era un acto de la voluntad, una producción. Esa clase de martirio siempre me ha preocupado muchísimo porque, demonios, ¿no es ya lo bastante difícil ser mujer? Pero quizá incluso eso era mejor que estar casada con un hombre. Sea como sea, me enojaban esas místicas. Con frecuencia notaba esto en la cultura mexicana: el espectáculo del dolor en las telenovelas y la veneración de las madres abnegadas, por mencionar un par de ejemplos. Me frustraba que mi propia madre tratara de manipularme a través de la culpa, porque yo nunca le pedí que sufriera por mí. Tampoco a Cristo le pedí que muriera por mis pecados.

Hay un poema llamado "Emptying Town", del poeta y memorialista Nick Flynn, cuyo final ejemplifica esto y siempre me quita el aliento: "Mi versión del infierno / es alguien rasgándose la camisa / y diciendo 'Mira lo que hice por ti'…".

ALGUNAS PERSONAS ME HAN juzgado por tomar antidepresivos, como si tener tendencias suicidas fuera más noble que tomar medicamentos. Un novio que tuve en la preparatoria una vez me instó a dejar el tratamiento y "sufrir como guerrera". Pero ¿por qué debería abrirle los brazos al dolor si gran parte de él es ineludible?

Hace unos años me topé en *Vanity Fair* con un ensayo sobre la Madre Teresa escrito por el difunto Christopher Hitchens. Él acusa a la santa de infligirle voluntariamente dolor a gente ya de por sí oprimida. En ese ensayo y en otras partes sostiene que ella era un fraude:

> La madre Teresa no era amiga de los pobres: era amiga de *la pobreza*. Decía que el sufrimiento era un regalo de Dios. Pasó su vida oponiéndose a la única cura conocida para la pobreza, a saber, que esas mujeres se empoderen y se emancipen de la reproducción a la que se ven condenadas como si fueran algún tipo de ganado.

Aunque con frecuencia he discrepado de Hitchens, tengo que reconocerlo por haber denunciado la hipocresía de la Madre Teresa.

Señala que mientras dirigía hospicios decrépitos en Calcuta, ella misma recibía la mejor atención médica en clínicas de California.

En el mismo sentido, un médico indio sostenía que ella había creado "un culto del sufrimiento", que sus clínicas eran tan primitivas que reciclaban las agujas hipodérmicas y que los pacientes se veían obligados a defecar enfrente de los otros. Si hemos de creerle a este médico, esa clase de sufrimiento no puede considerarse noble. Es fabricado y por lo tanto perverso. ¿A quién podría beneficiar? ¿A Dios? Si es así, ¿*cómo*, exactamente? No podemos sino creer que la madre Teresa usaba su posición dentro de la Iglesia para imponer dolor en nombre de la religión. Y fue glorificada por ello.

En la mayoría de los casos, el martirio autoflagelante me repugna; sin embargo, he pensado que para algunas mujeres la autoflagelación puede ser una oportunidad de ejercer poder de la única manera que tienen disponible. Es el paradigma del comportamiento pasivo-agresivo y en un sentido es casi genial.

HAY UNA HISTORIA sobre el fundador de la fe, el Buda Shakyamuni, que empieza con él meditando al pie de un árbol muchilinda después de alcanzar la iluminación. Cuando empieza a diluviar, sale una cobra real gigante, enrosca el cuerpo siete veces alrededor del Buda para que no se enfríe y le pone el sombrerete sobre la cabeza para protegerlo de la lluvia.

La historia me parece bellísima porque nunca pienso en algo que sea tan peligroso y que a la vez pueda protegernos. En su libro *Cuando todo se derrumba*, la monja budista Pema Chödrön pone esta idea en perspectiva: "Lo que normalmente consideramos obstáculos no son en realidad nuestros enemigos, sino nuestros amigos". Puede ser que lo que tememos sea lo que más puede enseñarnos. La filosofía budista empezó a enseñarme a abrazar mi dolor, sostenerlo con ternura y compasión, aceptarlo como una de las muchas facetas de ser humano. Se necesita la muerte para que haya renacimiento.

UN AMIGO ME comentó una vez que nunca había oído a nadie decir que "la buena vida" lo hubiera inspirado o que hubiera aprendido mucho de ella. Estuve de acuerdo. La felicidad es maravillosa, pero no es de suyo interesante. ¿Quién quiere leer un libro en el que la protagonista consigue todo lo que quiere exactamente cuando lo desea? ¿Y el chingado camino a la felicidad? Eso sí merece su propio escenario intrincado. He aprendido a soportar la incomodidad a través de la poesía, a la que empiezo a ver como algo inextricablemente unido al budismo. Al escribir poemas sobre la ambigüedad y el dolor de estar viva, ya estaba practicando la filosofía.

Algunos compañeros budistas habían prometido que cambiaría mi vida entera, pero no estaba preparada para una metamorfosis. Llevaba mucho tiempo aceptando vivir con depresión; creía que no había mucho que pudiera hacer para aliviar ese dolor existencial. Yo era quien era. Sabía que nunca estaría completamente curada de mi enfermedad mental, pero encontré un sentido de determinación del que no sabía que era capaz. En *Esperanza en la oscuridad*, Rebecca Solnit escribe que "esperar es entregarte al futuro". La esperanza es valiente.

Aunque siempre había tenido muchos sueños y aspiraciones, gran parte de mi vida consistía en aguantar: yo solo quería seguir adelante sin derrumbarme. Nunca me consideré capaz de tener una actitud más confiada. Nunca me había dado permiso, porque no sabía que podía. Tengo una foto de Sartre enmarcada con la frase "El infierno son los otros" que compré cuando estuve en París. Me ha seguido a muchos departamentos, y por muchos años creí sinceramente que su mensaje era verdad. Era una misántropa, y cada vez que tenía un conflicto en una relación, de inmediato culpaba al otro. *Imposible que sea yo,* pensaba a menudo, porque yo era introspectiva y por lo tanto consciente de mí misma. En el budismo, el infierno no es una vida después de la muerte llena de fuego y ropa con púas: es un estado de vida triste en el presente, uno con el que yo estaba muy familiarizada. No fue hasta que realmente empecé a mirar mi fuero interno que me percaté de que estaba equivocada en cuanto al origen de los conflictos en mis relaciones: el infierno no eran los otros: yo misma era mi propio infierno.

DE ACUERDO CON EL PENSAMIENTO BUDISTA, nuestras vidas interiores contienen diez mundos: infierno, hambre, animalidad, ira, humanidad, éxtasis, aprendizaje, realización, bodhisattva y budeidad. Los primeros seis se consideran los seis mundos inferiores, y en el budismo nichiren no son condiciones estacionarias; por el contrario, reconocemos que los mundos son fluidos y que podemos habitarlos todos a la vez. Contenemos multitudes, como una vez declaró Walt Whitman. Incluso en nuestros momentos más aborrecibles, el potencial para la budeidad sigue estando en nuestro interior. En un mundo que prefiere binarios y absolutos, hay en esto algo muy tranquilizador.

Yo sabía, en teoría, que mi entorno reflejaba mi estado interior; lo aprendí cuando empecé a estudiar. Pero poco después se volvió dolorosamente claro.

EL ARTE JAPONÉS del kintsugi consiste en reparar piezas de cerámica rotas con laca mezclada con oro, plata o platino en polvo. El wabi-sabi es un concepto estético basado en la idea de la imperfección y la fugacidad. En esta filosofía, las roturas y las reparaciones son parte del relato del objeto y no un error que necesite ser encubierto. Estar roto es lo que lo hace más bello. Cuando conocí esta tradición pensé en cómo me había hecho añicos unos meses antes. Había dedicado gran parte de mi vida a sobrellevarla, y no fue hasta que me derrumbé en serio, épicamente, cuando pude construirme y ser la persona que siempre quise ser.

Es difícil explicar lo que pasó a continuación. Cuando me recobré de la depresión y adquirí una sólida base espiritual, me volví más amable, mis amistades se hicieron más profundas y mi carrera prosperó. Estaba al mando de mi vida, sentía yo que por primera vez. La ley de causa y efecto, que al repasarla parece un concepto de lo más obvio, finalmente me resultó clara. Aunque estaba ahí por quien había sido y por lo que había ocurrido antes, yo creaba mi realidad con las decisiones que tomaba. Mientras cantaba empecé a notar hábitos poco saludables y me armé de valor para desmontarlos. Me enfrenté conmigo misma, como si alguien me hubiera dado un espejo y me sorprendiera ver mi propia cara. Por mucho tiempo no me habían gustado partes de quién era yo pero me sentía incapaz de cambiarlas. Me limitaba a observar esos desagradables rasgos de personalidad sin tener ni idea de cómo proceder. Con frecuencia me sacaba de quicio a mí misma.

No es coincidencia que mi primer matrimonio terminara en esa época. Una tarde, mientras entonaba los cánticos, me quedé viendo una piedra que tenía grabada la palabra *claridad* (regalo de una amiga) y me percaté de que no había sido nunca amada como yo necesitaba serlo, que no había manera de salvar mi relación de ocho años. Llevábamos casados poco más de un año y ya estábamos implosionando. Creo que era necesario meternos a fondo para darnos cuenta de que teníamos que terminar.

Empecé a planear mi partida en cuanto me di cuenta de que necesitaba estar sola. Pero no culpaba a mi marido; eso habría sido injusto y demasiado simple. Vi que yo había sido cómplice de muchas maneras. Me di cuenta de que había participado en mi propio sufrimiento. Si yo no creía ser sagrada, ¿por qué alguien más sí lo creería? Si yo no creía ser digna de un amor profundo y sin límites, ¿por qué alguien me lo daría?

Toda la vida había aprendido a aceptar migajas de afecto y atención. Es lo que creía merecer. Eso explicaba por qué mis relaciones románticas habían sido disfuncionales, por qué suspiraba por hombres que tenían tan poco para darme.

SOLÍA creer que la felicidad llegaría cuando desaparecieran mis problemas. Lo que no entendía era que eso nunca iba a pasar. No había aceptado la inevitabilidad de los obstáculos. Si por lo menos tuviera más dinero. Si por lo menos mi carrera estuviera más afianzada. Si por lo menos la gente no me lastimara. Si por lo menos los hombres no fueran una escoria. En mi cabeza, la felicidad era una tierra mágica carente de conflicto. No conocía la diferencia entre la felicidad relativa y la felicidad absoluta. La primera siempre depende de las circunstancias exteriores. La felicidad era una rareza porque para que yo la viviera, todo en mi vida tenía que alinearse a la perfección. La felicidad absoluta, por otro lado, es indestructible. Hasta en nuestros momentos más sombríos, tenemos la capacidad de sentir alegría. Podemos usar nuestro sufrimiento para profundizar el significado de nuestra vida.

Aunque en algunos aspectos estaba devastada por la desintegración de mi matrimonio, me emocionaba empezar de nuevo. En el fondo siempre había sabido que no estábamos hechos el uno para el otro. Éramos muy incompatibles, pero me había convencido de que podía hacerlo funcionar si reprimía todas mis necesidades y deseos. Fue la práctica del budismo lo que me ayudó a darme cuenta de que me había estado mintiendo a mí misma muchos años. Ahora sé que esa comprensión no es sorprendente porque el canto muchas veces se describe como el acto de pulir un espejo. Finalmente pude verme.

UN FILÓSOFO BUDISTA DEL SIGLO III llamado Nāgārjuna comparó el Sutra del Loto, la principal enseñanza de los budistas nichiren, con "un gran médico que puede transformar el veneno en medicina". Eso es un principio rector que siempre me consuela. En lugar de lamentarme de mis desgracias, aprendí a preguntarme qué iba yo a hacer al respecto. Sí, toda la vida había lidiado con la depresión, y sí, era injusto, ¿pero qué iba a hacer con esa experiencia? Y sí, mi matrimonio estaba terminando después de año y medio, pero ¿qué iba yo a aprender de eso? Podía molestarme con mis circunstancias o bien convertirlas en algo significativo. Ese proceso, ese acto de dar a luz, se llama "revolución humana", un término que me encanta porque implica responsabilidad personal para transformar el yo. Al cambiar quienes somos, cambiamos el mundo a nuestro alrededor.

Estaba tan acostumbrada a obsesionarme con el pasado y el futuro que mi nueva valoración del aquí y el ahora me parecía extraordinaria. Ya no tenía que fantasear con estar en ningún otro lado. Por consiguiente, empecé a sentir una inmensa gratitud por objetos y experiencias cotidianos. Cuando, al correr por la ciudad, veía algo bello (un puente herrumbroso, una flor poco común en un estacionamiento, un avión dejando una estela de vapor en el cielo), me detenía y literalmente decía "Gracias". Me cercioraba de decirlo fuerte porque sentía que era más significativo reconocerlo con mi voz. Agradecía al universo por el hecho de existir, algo que de pronto parecía un milagro, y por haber tenido el privilegio de presenciar una forma particular de belleza en ese preciso momento. Me preguntaba cuántos organismos habían tenido que evolucionar para que yo sencillamente fuera yo. Cuando pensaba en esto, a veces me asustaba: lo inmenso e inverosímil del asunto.

Todos los momentos de trascendencia que he vivido a lo largo de la vida, esas ocasiones en las que todo resplandece y estoy en completa comunión con mi entorno, finalmente tenían una explicación. En la filosofía budista, el principio de los tres mil estados contenidos en cada instante vital describía por qué me sentía ilimitada. Todos los "innumerables fenómenos del universo… englobados en un solo momento de la vida de un simple mortal". Nuestros cuerpos son temporales, pero nosotros somos infinitos. La verdad es eterna y el karma perdura para siempre. Con eso en mente, ya ni la vida ni la muerte me asustaban. Nuestras vidas no se limitan al presente sino que se extienden más allá de cualquier cosa que podamos jamás imaginar. El macrocosmos está contenido en el microcosmos. Toda persona es un universo. Por eso escribo poesía. Por eso siempre he desconfiado de las fronteras, por eso prefiero los lugares intermedios y estoy más interesada en las preguntas que en las respuestas. Siempre he sido budista, solo que no lo sabía.

SOLÍA PREOCUPARME de que mis deseos fueran demasiado intensos. A veces quería las cosas con una desesperación tan desenfrenada que me asustaba. Sufría por eso. Sin embargo, no es que quisiera objetos (nunca he sido materialista): quería conocimiento, capacidad de acción y belleza; quería ser reconocida por mis talentos y tener una vida intensa e interesante orientada por el arte y la justicia social. Me preguntaba si era posible ser budista sintiéndome así.

Aprendí que de lo que se trataba no era de erradicar los deseos sino de cultivarlos basándonos en la compasión y la sabiduría. El budismo nichiren reconoce que los deseos forman parte de la experiencia humana. A fin de cuentas, todos queremos amor. Y la búsqueda de iluminación es en sí misma una forma de anhelo. Tenía que recordarme que no me motivaba la avaricia. No buscaba riquezas ni dominar el mundo. No trataba de erigir mi felicidad sobre la desgracia de otros. De hecho quería hacer del mundo un mejor lugar con mi obra. Me di cuenta de que no se trataba de no desear sino más bien de saber cómo desear.

· · ·

En la universidad leí *For Colored Girls Who Have Considered Suicide / When the Rainbow Is Enuf* [Para las chicas de color que han pensado en suicidarse / Cuando el arcoíris es suficiente], de Ntozake Shange, y una de las líneas me hizo abrirme de par en par. Expresaba lo que yo había estado luchando por alcanzar: "encontré a dios en mí misma / y la amé / la amé apasionadamente". Yo tenía muchas ganas de creer esa afirmación, pero pasaron varios años hasta que tuve la sabiduría necesaria para ello.

Como mujer, el budismo me resultaba liberador y empoderante. No tenía que venerar a un hombre o subyugarme de ninguna manera. No era una fe impulsada por la vergüenza o la culpa. Yo no era una desdichada, pecadora, puta o suplicante. Era una persona íntegra, con defectos y amorosa. Aprendí a verme con compasión, a reconocer en mí misma y en otros a "Dios" o la budeidad. En lugar de suplicarle a un salvador, dependía de mí misma.

Creo que esta es la razón por la que tan frecuentemente escribo sobre la violencia que unas personas ejercen sobre otras. Gran parte de mi poesía explora esta confusión. Si todos los seres humanos tienen la capacidad de ser compasivos y justos, ¿que lleva a una persona a abandonar su humanidad? ¿Y qué hacemos entonces?

A veces, cuando pienso en el momento en que Shakyamuni dejó su palacio de riquezas y comodidades para ir en busca de la verdad por los medios que fueran necesarios (entre ellos el ascetismo extremo y la automortificación), pienso en la admonición de mi madre:

"Cómo te gusta la mala vida". Como príncipe, como Siddhārta Gautama, tenía todo lo que una persona pudiera soñar, y sin embargo renunció a todo ello para entender la naturaleza del sufrimiento y liberar a la humanidad del cautiverio de la ignorancia. Rebecca Solnit describe preciosamente este viaje como "un cuento de hadas que corre al revés".

Absorto en su práctica espiritual, el Buda ayunó por tanto tiempo que se cree que podía tocarse la columna vertebral desde el vientre. Después de eso meditó debajo del árbol Bodhi y tuvo una revelación. Siddhārta Gautama se transformó en el Buda cuando se percibió como uno con el universo. Él *era* el universo.

El Buda también descubrió que el sufrimiento (de la enfermedad, la vejez y la muerte) era inevitable. La vida es pasajera y nos angustiamos cuando luchamos contra ese hecho. La única manera de aliviar ese dolor es aceptarlo, responder a él con sabiduría. El budismo te pide que creas en ti mismo y uses tus dones singulares para hacer del mundo un mejor lugar. Aunque suena increíblemente obvio, me ha tomado toda mi vida adulta creer e interiorizar dicho concepto. A veces las cosas más simples son las más difíciles de aprehender. Cuando abrí mi corazón a estas verdades, finalmente entendí que siempre había pertenecido a esta tierra, que yo siempre he sido eterna.

No puedo, ni de lejos, comparar mi vida con la del Buda, pero yo también elijo el desasosiego por encima de la complacencia. Al convertirme en poeta, al vivir como yo quiero, al poner fin a mi matrimonio, no podía seguir mintiéndome a mí misma. Prefería vivir mi verdad, por incómoda que fuera. Sabía que estaba haciéndole lugar a un amor extraordinario.

¿CREES QUE SOY BONITA?
MARCA "SÍ" O "NO"

Cuando tenía cuatro años me subí al lavabo de nuestro baño para verme en el espejo y determinar si era fea. Mi tío acababa de decir: "Ay, m'hija, cómo estás fea", y no entendí que lo decía de cariño, aunque diciendo todo lo contrario. Sencillamente así muestran amor los mexicanos.

Tenía el pelo recogido en una apretada trenza francesa, algo que fue muy característico a lo largo de mi infancia y muchas veces me provocaba dolor de cabeza. Como muchas madres mexicanas, la mía, enroscándome y jalándome el abundante pelo castaño, me hacía unos diseños y estilos de peinado intrincados. Las mujeres mexicanas se preocupan mucho por el aspecto de sus hijos.

Me paré en el lavabo y miré fijamente mi nariz grande, mis labios carnosos, embelesada ante mi propio rostro, y me pregunté si mi tío tendría razón. Mientras me debatía sobre mi belleza, mi madre entró al baño y soltó una carcajada. Sabía exactamente lo que estaba haciendo y me aseguró que yo de hecho sí era bonita y que mi tío solo estaba bromeando conmigo.

Mi familia suele recordar mi confusión de aquel día. "¿Te acuerdas de cuando creíste que eras fea?". Nos reímos porque, por supuesto, no lo era. De todas formas, a lo largo de mi infancia me lo preguntaba. ¿El mundo creía que yo era fea? ¿Qué significaba ser bonita? ¿Quién lo decidía? No conocía a muchas en la vida real, pero parecía que la televisión era pródiga en niñas blancas. *Ellas han de ser las bonitas,* pensaba.

LA PUBERTAD FUE para mí una etapa especialmente dolorosa. Supongo que lo mismo les pasa a la mayoría de las niñas. En cuanto cumplí doce años me engordaron las partes que no debían y sudaba a mares. Era como si mi cuerpo me hubiera traicionado. Nadie me había preparado para eso. Poco después me brotaron espinillas en la nariz y una constelación de barros en la frente. Cuando veo fotos de aquellos años me da risa y lástima a la vez. Mi favorita es un retrato mío enfrente de un fondo azul clarito. Tenía puesta una de mis blusas preferidas: un modelito de poliéster teñido con la técnica *tie-dye*, con solapas gigantes, lleno de colores estridentes y flores que parecían explotar. Con unos Levi's apretados y unos zapatos de cuero café de plataforma, era uno de mis atuendos de rigor. Me resulta adorable porque, mierda, me veía fatal. Me había quitado mis horribles anteojos para la foto y salgo toda bizca y con la cara manchada. Mi sonrisa era tentativa, tan torpe que parece una mueca petulante. El pelo, que me llegaba al hombro, estaba mal cortado, como si alguien me hubiera hecho una cola de caballo y la hubiera cortado con un cuchillo de carnicero. Era obra de los salones baratos de Cermak Road, donde por doce dólares unas señoras me hacían cortes que habían pasado de moda al menos diez años antes.

Por varios años quise esconderme debajo de una roca, avergonzada de mi sola existencia y por tener un cuerpo físico. Me chocaba mirarme al espejo. Tenía muchas ganas de ser bonita, pero estaba incómoda con todos los aspectos de mi ser y no tenía idea ni de cómo empezar a hacer algo al respecto. Ninguno de mis patéticos enamoramientos fue correspondido. Nunca le gusté a nadie; literalmente a nadie. No me veía como las chicas populares de la escuela, muy maquilladas, con sus grandes chichis y sus tenis chidos. Y yo por supuesto que no me parecía a las chicas blancas flaquitas de las comedias que tanto me gustaban: *Tres por tres, Salvado por la campana, Sabrina la bruja adolescente*. Para empezar, era del color equivocado. El moreno más claro seguía siendo demasiado moreno. Cuando vi *Beverly Hills, 90210,* me confundía mucho que Donna Martin, interpretada por Tori Spelling, se considerara una chica guapa. Para mí, parecía un caballo triste que necesita desesperadamente una torta. ¿Todas las mujeres rubias se consideraban automáticamente bonitas? ¿Había algo que yo no entendía? ¿Era una especie de conspiración?

Mientras tanto, siempre resultaba alarmante que hubiera alguien delgado en mi familia: significaba que estaban enfermos o desnutridos. *Ay, Dios, ¿estará empachada?* No hay consenso sobre el significado de la palabra *empacho,* pero en términos generales indica que algo raro que traes en el estómago te ha hecho perder el apetito. Algunas personas piensan que significa lo mismo que *estreñimiento* o *náuseas*. También la gente pobre, al menos la mexicana, puede creer que traes lombrices. De hecho, un insulto común y divertido para alguien que está flaco es "lombriciento", que significa literalmente "lleno de lombrices".

Estaba confundida. La televisión decía que yo era regordeta, mientras que entre mi gente la delgadez era motivo de preocupación. ¿Entonces cuál era el peso ideal? No tenía la menor idea. Para empeorar las cosas, cuando tenía como once años, mi abuela materna me humilló por mi apetito. Una tarde yo estaba empecinada en comerme un sándwich submarino de treinta centímetros de largo y tratando de convencer a mi prima, que nos visitaba de otra parte, para que me acompañara. Para ir en busca de ese sándwich teníamos que caminar unas cuadras hasta un lugar mágico llamado Mr. Submarine (sí, lo estoy mencionando otra vez) y mi prima parecía prácticamente convencida cuando mi abuela dijo bromeando: "Por eso estás como estás". Me quedé ahí parada, aturdida.

Mi cuerpo era una decepción para todo mundo.

Una vez intenté vomitar después de haber comido, como había visto que hacían en una película para televisión, pero me dio tanto asco ver las salpicaduras de vómito brillante en el escusado que nunca volví a hacerlo. Además parecía un desperdicio de comida.

ME HAN TOMADO POR GRIEGA, italiana, medioriental y por todo tipo de latinoamericana. En muy raras ocasiones, la gente hasta piensa que soy blanca, cosa que no me hace ninguna gracia. Me parece tonto que lo piensen, dado el gran tamaño de mis labios y de mi nariz, pero, ¡ay! ("Mi apellido es *Sánchez* —les digo frenética—, ¡*Sánchez!*"). Tengo la piel de un moreno más o menos claro, como un café con mucha leche, no exactamente color caramelo, con unos fuertes matices amarillos. No puedo usar ropa de ningún tono naranja o amarillo sin parecer enferma (en la escuela, muchas niñas con mi mismo color de tez insistían en ser rubias, algo que a mí me parecía estéticamente discordante). Una vez me puse una peluca rubia por Halloween (David Bowie en *Laberinto*), y aunque fue la sensación, también me veía ictérica. Tengo la nariz grande y un poco respingada. Un hombre con el que alguna vez salí la describía como "orgullosa". La protuberancia apenas perceptible en el puente le da un carácter aguileño, que probablemente heredé de mis ancestros indígenas.

Probablemente lo más evidente en mí sean mis labios. De verdad, la mitad de mi cara es pura boca. Una vez, en una entrevista, un fotógrafo que me iba a hacer un retrato me pidió que sonriera menos; qué risa. Mi ex esposo me dijo que no le gustaba fajar conmigo porque mi boca era "demasiado grande" y se sentía como si me estuviera tragando su cara (curiosamente, fue la primera y, hasta la fecha, única queja que he recibido al respecto). También, por suerte, tengo un precioso cabello mexicano. Es castaño oscuro y muchas veces la gente me hace comentarios sobre cómo brilla y lo grueso y abundante que es. Me avergüenza reconocer cuánto me gustan esos cumplidos. Después de todo, no hice nada para merecerlo. "Una bendición de pelo", solía decir mi madre mientras lo cepillaba y me hacía una apretada cola de caballo.

Mi tez café claro y mi cuerpo relativamente esbelto y sano me dan la ventaja de pasar desapercibida en muchos espacios. Sé que puedo moverme por el mundo de maneras que otras personas de color no. Mi presencia no siempre se cuestiona y mi cuerpo no es automáticamente temido.

A LOS DIECINUEVE años, en el semestre que pasé fuera, di clases en la República Dominicana, y algunas de mis alumnas (niñas con piel de todos los cafés con pelo casi negro) se dibujaban a sí mismas con ojos azules y pelo rubio. Me pregunto dónde estarán ahora y si aún pensarán que su piel es color durazno. Curiosamente, me recordaban a mi abuela materna. De piel morena y trenzas gruesas y oscuras, tiene una apariencia innegablemente indígena y sin embargo fue ella quien le dijo a mi hermanito que su siguiente novia debía ser alta y rubia, y se quedó consternada cuando mi madre le preguntó qué haría si se enamoraba de una mujer negra. Me pregunto qué ve cuando se mira en el espejo. ¿Tendrá una especie de dismorfia? ¿El colonialismo llega a esas profundidades de su psique?

Para muchos de mis parientes, tener la piel oscura es indeseable. Algunos usan la palabra *indio* como insulto para los mexicanos de piel más oscura. La palabra *prieto* puede ser cariñosa o peyorativa, según el tono y el contexto, y se usa sin mucho rigor. Un miembro de la familia una vez elogió a los españoles por haber "mejorado" nuestra raza.

EL PREJUICIO POR EL COLOR DE PIEL Y EL RECHAZO a la negritud en la cultura mexicana tiene una larga historia que se remonta al colonialismo. México tuvo un intrincado sistema legal de castas en el siglo XVIII. Para ejercer el control sobre sus colonias, los españoles comisionaban pinturas que ilustraban diferentes distinciones raciales. Como describe el historiador cultural John Charles Chasteen en su libro *Born in Blood and Fire,* la casta de una persona se registraba en su certificado de bautismo, y a los de las castas inferiores (y de piel más oscura) se les impedía, entre otras cosas, hacerse sacerdotes, poseer armas, asistir a la universidad e incluso usar ropa de seda. Había en total dieciséis categorías teóricas, pero lo común era emplear sólo seis. A algunas de las castas inferiores se les ponían como escarnio nombres de animales, como lobo o coyote. Aunque a los miembros de las seis categorías la ley les prohibía mezclarse, había, por supuesto, mucho fornicio y violaciones, de manera que la mezcla era inevitable. Curiosamente, la corona española necesitaba dinero con desesperación, así que a algunos miembros exitosos de las castas inferiores les permitían comprar excepciones. De hecho, una persona podía comprar su blanquitud. Me pregunto cuánta gente hoy en día haría cola para obtenerla. Me imagino perfecto a partidarios latinx de Trump saliendo en manada. Pendejos.

Algo que siempre me exaspera del racismo y del prejuicio por el color de piel en la cultura mexicana, en especial en los Estados Unidos, es lo simple y llanamente estúpido que es. Quiero gritar: *A la gente blanca tampoco le caemos bien, bobos.* De hecho, vilipendiar a los indocumentados, sobre todo a los mexicanos, es un componente central de la mitología que los estadounidenses se inventan sobre sí mismos. Pero el colonialismo y la supremacía blanca son así por naturaleza: se enfrenta a un grupo oprimido contra otro para mantener intactas las estructuras de poder.

En *Black Looks: Race and Representation,* la escritora bell hooks explica: "Desde la esclavitud, los supremacistas blancos han reconocido que el control de las imágenes es fundamental para el mantenimiento de cualquier sistema de dominación racial". Si viéramos cuánto tenemos en común, podríamos luchar colectivamente contra este sistema de supremacía blanca, pero en vez de eso nos reclamamos unos a otros, buscando con garras y dientes la aprobación de la cultura blanca. Qué fácil olvidan unos mexicanos que nuestros ancestros indígenas también fueron sometidos, esclavizados y diezmados. Qué fácil olvidan que México también formó parte del comercio de esclavos transatlántico.

Quisiera pensar que siempre he estado por encima de actitudes retrógradas sobre la raza, pero sé que no es cierto. Yo interioricé el racismo y los prejuicios por el color de piel, y creía que la blancura era más hermosa. De niña, a veces pensaba en cuánto más fácil sería la vida para mí si fuera blanca. Las niñas que salían en la tele… ¡sus vidas parecían tan cómodas! Estaban por otro lado los programas en español casi siempre sintonizados en el aparato como sonido de fondo. En las telenovelas, los protagonistas ricos siempre tenían la piel clara, mientras que los sirvientes y malhechores eran oscuros y tenían rasgos indígenas. Las mujeres sexis del espantoso programa de variedades *Sábado gigante,* e incluso de los programas noticiosos, siempre eran voluptuosas y güeras. En comparación yo me sentía simple y llanamente un goblin.

El verano en que cumplí catorce años, mágicamente adelgacé y me salieron chichis. Al principio me desorientaba sentirme de pronto como si pudiera pararme y verme en el espejo, pero poco después empecé a sentir que no sólo podía verme en el espejo sino que de hecho podía gustarme lo que viera. Inicié la secundaria con un cuerpo más curvilíneo y una melena con estilo y un fleco rojo brillante. Aunque estaba lejos de tener seguridad en mí misma, me sentía un poco más cómoda con mi aspecto. En unos sentidos, estaba creciendo para convertirme en mí misma. Pero eso tenía sus consecuencias: los hombres empezaron a lanzarme miradas lascivas más ávidamente que antes. Cuando salíamos de clases, siempre había hombres dando la vuelta a la manzana en busca de jovencitas. Yo no podía ir a ninguna parte sin que me tocaran el claxon. El peligro acechaba por doquier.

Ahora entiendo que toda esa atención no tenía nada que ver con el deseo sexual. Esos hombres se habrían comido con los ojos cualquier cosa que sospecharan que era hembra. Después de todo, me silbaban desde que era una niña de once años, informe y con ropa ancha. En *El mito de la belleza,* Naomi Wolf explica esta dinámica: "Las mujeres son observadas…, no para cerciorarse de que se 'portarán bien' sino para cerciorarse de que sepan que están siendo observadas".

Yo solo estaba aprendiendo cuál era mi lugar en el mundo.

CUANDO ERES UNA mujer joven, el solo hecho de tener un cuerpo es un riesgo. Pienso en mi abuela paterna, Clara, que a la edad de once, dos años después del asesinato de su padre, fue asediada por uno de los amigos de este. Dicho hombre, un viudo, empezó a visitar el rancho de la familia y le dijo a mi abuela que quería tomarla como esposa. Ella tenía la misma edad que la hija de él en aquel momento. Por supuesto, mi abuela se negó y le dijo que debía reflexionar sobre eso y rezar. Cuando amenazó con llevársela a la fuerza, a ella le dio miedo. En ausencia de su padre, la familia estaba en permanente estado de vulnerabilidad frente a los extraños, y ella no sabía cómo protegerse de él, sobre todo cuando se alejaba del rancho.

Una tarde, mi abuela y su hermano menor vieron al hombre acercándose a la propiedad a caballo. Presa del pánico, ella encontró la vieja arma de su padre, una carabina demasiado grande para su pequeña complexión. Se subió con su hermano a la azotea de la casa y decidieron dispararle. Hasta pensaron dónde enterrarían el cuerpo y qué harían con el caballo. Al acercarse el hombre, mi abuela le apuntó la carabina con toda la intención de matarlo. Apuntó y disparó, y la fuerza de la detonación la tiró de espaldas. Cuando se levantó, vio que le había volado el sombrero. El hombre, espantado, salió huyendo a todo galope y nunca regresó.

Cuando oigo historias así o cuando los hombres me acosan, pienso en el mito de Dafne. Se dice que, siendo tan bella, Dafne llamó la atención de Apolo, que la persiguió incesantemente hasta que ella, desesperada por quitárselo de encima, le suplicó a su padre, Peneo, que la salvara. En respuesta, éste la convirtió en un laurel, y así se quedó para siempre. Incluso entonces, Apolo le arrancó las hojas y se las puso en la cabeza, algo que se volvió símbolo tanto de Apolo como de la poesía. La pobre muchacha se volvió un puto árbol para escapar de él, y el hijo de la chingada *ni así* la dejaba en paz.

En mis dos primeros años de secundaria atravesé una alborotada fase gótica en la que me pintaba el pelo de negro azabache y usaba mallas de red y botas militares. Encontré en mi cajón un poco de maquillaje blanco que había quedado de un viejo disfraz de vampiro de algún Halloween y empecé a agregarle un poco a mi base. Aunque no era consciente de toda la jodida historia y las implicaciones en torno al aclarado de la piel, pensaba que la piel más clara era más atractiva. Me gustaba cómo contrastaba con mi pelo oscuro y creía que me hacía ver atrevida y misteriosa, cuando en realidad me hacía parecer cadáver. Si bien haber intentado aclararme la piel es una de las cosas más vergonzosas que haya hecho en la vida, no es del todo sorprendente haber actuado así. Los mensajes estaban por doquier.

Leía religiosamente la revista femenina para adolescentes *Seventeen*, que estaba llena de consejos y trucos para aparentar ser blanca. Una de sus técnicas de maquillaje le prometía a la lectora que su nariz se vería más pequeña, y yo, por supuesto, quise probar. Consistía en trazar una línea de antiojeras a lo largo de la nariz y suavemente difuminarlo hacia los lados (para mi gran desilusión, mi nariz no se vio ni tantito más pequeña). A esta práctica ahora se le llama *contouring*. En esa época, mi boca y mis labios tan grandes me avergonzaban tanto que si hubiera existido un tutorial para minimizarlos, lo habría intentado. Una palabra que se usaba comúnmente para describir mi boca era *trompa*. Mis amigas de la secundaria por un tiempo me dijeron también Chompers, por *chomp, masticar*, y cuando le pregunté a mi excéntrico maestro de Inglés si de verdad tenía los dientes grandes respondió: "Ajá, tienes unos preciosos dientes de caballo, como mi esposa".

No sabía si sentirme halagada o insultada. Es posible que me haya reído.

MI MADRE, QUE creció en una choza en medio de la nada, sin acceso a dentistas o siquiera a pasta de dientes, siempre me recuerda lo afortunada que soy por tener dientes derechos y sanos. De haberme salido chuecos, dice, se habrían quedado chuecos. En nuestros viajes de verano a México, siempre me sorprendía la cruel diferencia entre las dentaduras en los Estados Unidos y las dentaduras en México. En México era mucho más común tener mala higiene dental. Había mucha gente con los dientes manchados de café o tapados con plateado o dorado en la desactualizada odontología de la región. Era tan ordinario que ni valía la pena mencionarlo. Si bien en los Estados Unidos la salud dental es, como es de esperarse, mejor en general, mucha gente de mi barrio de Chicago tenía bocas lamentables. Por ejemplo, en mi clase de primer año había una niña blanca cuyos dientes eran unas pequeñas protuberancias todas picadas. Se llamaba Stephanie y siempre estaba comiendo dulces. En ese entonces no me di cuenta, pero su madre, una mujer tembleque y escuálida, era adicta al crack.

Los dientes son muy reveladores. Me fasciné cuando supe que los mayas antiguos se hacían hendiduras y muescas y se incrustaban piedras semipreciosas para verse más atractivos. Quizá las clases bajas usaban plata y oro para simular prosperidad. O quizá simplemente era la manera más barata de hacerlo, quién sabe.

DE NIÑA HABRÍA querido pasar desapercibida; me resultaba muy incómodo ser vista. Quería que la gente me reconociera por ser quien yo era, pero nadie podía. En primero de secundaria pasé por una fase ascética en la que me ponía ropa de segunda mano que eran prácticamente unos harapos. Uno de mis vestidos favoritos de esa época era un modelito anaranjado brillante que pudo haber pertenecido a una granjera de la región central. Todos mis jeans estaban viejos y desgastados, y todo, incluso faldas y vestidos hechos jirones, lo combinaba con un par de tenis rojos pasados de moda. Me encantaba ponerme ropa usada porque me gustaba imaginar la vida de sus anteriores dueños.

Una tarde, después de un mal corte de pelo, agarré la maquinilla de mi padre y me rasuré casi toda la cabeza. Experimenté cierto alivio, pero todos los demás (padres, compañeros de clase, desconocidos) se horrorizaron con lo que había hecho. *¿Por qué harías algo así?*, quería saber la gente. La verdad era que en ese momento no estaba del todo segura, pero lo que sí sabía era que sentía la belleza como una carga. *No me importa,* decía encogiéndome de hombros.

Una parte de mí ya me percibía como fea, así que me comprometí con eso, le entré de lleno. Había demasiada presión para ser estéticamente agradable, así que la rechacé por completo. En un sentido eso me parecía más fácil. Me daba miedo la feminidad. Pensaba que me haría blanca, que sería aún más vulnerable a los hombres predadores, que parecían estar en todas partes. En mi barrio no había una sola calle en la que una estuviera libre de su acoso. En todas las cuadras había hombres silbando y diciendo supuestos piropos a todas horas, de tal manera que hasta para el más sencillo de los mandados había que planear toda una estrategia. Ya no quería que me cosificaran. Verme masculina, que es lo que creo que estaba intentando, no era mi verdadera naturaleza; era un mecanismo de afrontamiento, un método de supervivencia. Es la misma razón por la que casi siempre estaba frunciendo el ceño o con cara de pocos amigos. A algunas personas este fenómeno les parece una especie de maldición, una desgracia. Pierden de vista lo importante: no entienden que eso puede ser un arma, una máscara tallada a lo largo de años de acoso y atención no deseada. Soy consciente de tener esa expresión, a la que en inglés llaman *resting bitch face,* y no pido perdón por eso.

Ahora que me acerco a los cuarenta, me encanta satisfacer mis sensibilidades femeninas. Por demasiado tiempo no solo les temí, sino que no creía merecer sentirme bonita o bella. Como mi familia era pobre, una parte de mí creía que no merecía gastar tiempo o dinero en algo que parecía frívolo. Nunca vi a mi madre gastar dinero en sí misma. Recuerdo que tenía un lápiz de labios Mary Kay que siempre usaba para las fiestas familiares. Todavía ahora, cuando se compra algo que podría considerarse innecesario, trata de regalarlo. También aprendí a negarme placer.

Cuando eres mujer, todo mundo tiene algo que opinar sobre tu apariencia, te guste o no. Si dedicas mucho tiempo o esfuerzo a cómo te ves, te consideran insulsa, vanidosa, demasiado indulgente contigo misma. (¿Cuántas veces no he oído a hombres decir que prefieren a una mujer sin maquillaje? Eso no es cierto, cállense el hocico.) Si la gente piensa que no te preocupas lo suficiente por tu aspecto, pueden catalogarte de fea, desarreglada o desaliñada. En serio, no hay manera. ¿Qué sentido tiene siquiera intentar hacerlo bien?

Acercarte a la muerte es algo que evidentemente te cambia de manera profunda. Después de sobrevivir a mi último episodio depresivo, en 2018, empecé a ver el mundo y a mí misma con otros ojos. Empecé a preocuparme cada vez menos de la opinión que otras personas tuvieran de mí. No es que no me importara cómo se sentían los demás, sino que ya no me sentía en deuda con gente con la que no tenía ninguna relación real. ¿A quién le importa lo que algún pendejo diga sobre mí en Twitter? ¿A quién le importa que no le caiga yo bien a alguna persona tangencial? ¿Y qué si algún pariente lejano no aprueba mis elecciones de vida? Tenemos una estúpida vida y yo voy a vivir la mía como se me dé la gana. Decidí que si vivía con integridad, no tenía que preocuparme de si les caía bien a otras personas. Era liberador quitarse ese peso de encima. Y esto me hizo estar cada vez más cómoda conmigo en el aspecto físico. Por supuesto que no me he liberado por completo de los estándares de belleza, pero la mirada del hombre blanco se vuelve para mí cada vez más irrelevante con la edad. Ahí se ven, culeros.

Uso lo que me hace sentir bonita. ¿Cómo podría vivir mi inverosímil y efímera vida humana odiando el envase en el que vine?

Hasta hace varios años, pensaba que mis labios eran demasiado carnosos para pintármelos, que usar bilé me haría parecer payaso. Había interiorizado la idea de que los labios carnosos son vulgares solo porque a las mujeres blancas nunca se los chulean. Yo no quería llamar la atención sobre un rasgo que me parecía excesivo, vistoso. Ahora todos los días me pongo los tonos más brillantes de labial para resaltar uno de mis mejores rasgos. También me encantan los vestidos de olanes, hacerme manicure y tener una larga y brillante cabellera. Gracias a años y años de terapia, a haber aprendido, con la madurez, a estar más cómoda con la persona que soy, y a mi incesante análisis feminista del mundo a mi alrededor, finalmente tengo los medios y la confianza para deleitarme con mi feminidad. Mi clóset está lleno de colores y diseños llamativos. Mucho *animal print* y prendas bordadas a mano. Unos días me dan ganas de cubrirme de dorado como emperatriz. Uso aretes largos y otras clases de pendientes sueltos y coloridos. Me encanta el perfume caro en botellas elegantes. De vez en cuando también uso lo que de adolescente no podía darme el lujo de comprar: chamarras de piel y Dr. Martens. He aprendido a sentirme empoderada por mi suavidad, mi resplandor y mi puto sudor.

A los treinta y siete, me encanta mi cuerpo: mi piel color moreno claro, mi baja estatura, mis pechos asimétricos, mis muslos gordos y mi generoso trasero. Como mujer con capacidad de acción y que finalmente ha adquirido el dominio de su cuerpo y su sexualidad, ya no me avergüenzo de mi forma física. ¿Demasiado femenina? ¿Insuficientemente femenina? ¿A quién carajos le importa? Como me sienta yo es lo que vale aquí.

LOS PARADIGMAS DE BELLEZA no son ni innatos ni arbitrarios. Como explica Naomi Wolf, los estándares de belleza son impulsados por políticas que sostienen la supremacía masculina. "El mito de la belleza no tiene nada que ver con la belleza —escribe—. Tiene que ver con las instituciones de poder de los hombres". Los estándares de belleza se tratan del control, específicamente del control de los cuerpos de las mujeres y, por consiguiente, de nuestro comportamiento. Si las mujeres se obsesionan con el deseo de la perfección física, es más probable que se concentren en cumplir el estándar y mucho menos probable que cuestionen su origen, a saber, el patriarcado.

MI FASE ASCÉTICA de la adolescencia no duró mucho tiempo. Yo no estaba hecha para esa austeridad. Si soy honesta conmigo misma, una parte de mí no era lo suficientemente valiente para perder el capital que mi aspecto físico me otorgaba. Era muy consciente del privilegio de ser bonita. Me gustaba. A veces los beneficios eran sutiles y tácitos, y a veces eran tan patentes que impactaba. Cuando anduve con la cabeza rasurada, la gente se mostraba fría y distante.

Los hombres no se peleaban para abrirme las puertas. Con frecuencia los desconocidos no sabían si yo era mujer u hombre y eso los incomodaba. A veces la gente era abiertamente hostil. Una vez entré a un restaurante para pedir una rebanada de pizza y el cajero se rio en mi jeta.

Traté de extinguir la parte de mí que valoraba mi apariencia, pero no lo logré. El mundo es más amable conmigo cuando te ves como este quiere que te veas. Innumerables estudios han mostrado que la gente atractiva gana más dinero. Desde los veintitantos y hasta los treinta y pocos, mi consideración por mi propia belleza era tan gigantesca que lloraba y me encerraba días enteros en mi departamento cada vez que tenía un brote de acné severo. No soportaba ser percibida como algo menos que bonita. Sigo sin soportarlo. Sé que parte de mi privilegio se debe a que soy una mujer joven y atractiva. A una parte de mí eso le avergüenza y otra parte de mí lo acepta como consecuencia de vivir en un mundo en el que el valor de una mujer está inextricablemente ligado a su apariencia. Tal vez la belleza pueda ser un arma. Tal vez soy una tonta.

No soy tan ingenua como para creer que podemos acabar con los estándares de belleza. No podemos ver nuestro mundo extraordinario y creer que no estamos hechos para sobrecogernos ante las cosas espléndidas. Los seres humanos siempre se han embellecido de una u otra forma. Este deseo se siente como algo innato y primigenio. Cada día mi mirada se ve atraída hacia algo encantador: un rostro bellísimo, una clavícula refulgente, un atardecer detrás de un edificio abandonado. Como escritora, no puedo pensar en otra cosa.

La ensayista Elaine Scarry, en su libro *On Beauty and Being Just,* sugiere que la característica definitoria de la belleza es que se reproduce a sí misma. "Nos hace dibujarla, tomarle fotografías o describírsela a otras personas". Platón y la vida cotidiana parecen apoyar esa afirmación: "Cuando el ojo ve a alguien bello, todo el cuerpo quiere reproducir a esa persona". Es aquí de donde proviene el arte. ¿Qué es un poema de amor si no una reproducción del ser amado?

La belleza me fortalece y dedico mi vida a ella a través de las palabras. La belleza no es lo mismo que muchachas buenonas en la tele, como el capitalismo nos ha querido hacer creer. Scarry señala los fallos lógicos de la afirmación de que la belleza es intrínsecamente pesada: "A veces se habla mal de la belleza aduciendo que causa un contagio de imitación, como cuando una legión de personas empiezan a arreglarse como determinada estrella de cine, pero eso no es más que una versión imperfecta de un ímpetu sumamente beneficioso hacia la reproducción".

Aunque el movimiento de *body positivity,* que busca la aceptación de toda clase de cuerpos, está cuestionando nuestra manera de ver los cuerpos de las mujeres, una abrumadora cantidad de medios de comunicación siguen perpetuando las proporciones y los rasgos irreales. Por ejemplo, de acuerdo con los estándares actuales, se espera que tengamos un trasero gigante, pechos grandes y alegres, labios carnosos y vientre plano. La celulitis, considerada una especie de maldición genética, y varias otras clases de "imperfecciones" corporales, ahora pueden ser sometidas con el uso del maquillaje corporal. No podemos subirnos a un taxi o siquiera ponerle gasolina al coche sin que una pantalla en nuestra jeta nos muestre cómo se supone que deberíamos vernos. Cuando veo a mujeres de color con el pelo terriblemente decolorado y la piel aclarada, veo la expresión de la naturaleza contumaz del colonialismo, de cientos de años de desigualdad racial, y no puedo evitar pensar que se ve grotesco.

Pero la belleza misma no es el problema. El problema es quién dejamos que decida lo que es bello.

SUPUESTAMENTE LAS MUJERES no deben reconocer que son atractivas. Incluso aquí me siento un poco incómoda reconociendo que creo que soy bella. Nos condicionan a establecer vínculos afectivos a partir de nuestros "defectos". Ya perdí la cuenta de las veces que he estado en un grupo de mujeres quejándose de su apariencia o que se avergüenzan de estar gordas. La mayor parte del tiempo sonrío con torpeza, sin saber qué decir. Se espera que participes, y si no lo haces te vuelves sospechosa. Tu tolerancia es interpretada como engreimiento. Al capitalismo le sientan de maravilla nuestras inseguridades. Cuando nos sentimos insuficientes o poco atractivas, nos vemos obligadas a comprar productos que nos hagan sentir mejor.

El hecho de que yo creyera que mi nariz era demasiado ancha y mis labios demasiado grandes es consecuencia directa de lo que yo veía que en los medios de comunicación se presentaba como atractivo. Ahora me parece absurdo porque la gente (blanca) paga para que sus labios se vean como los míos, pero la sociedad considera que dichos rasgos son especiales y hermosos solo en las mujeres blancas. Kylie Jenner ha hecho una carrera gracias a eso.

EN LOS NOVENTA, la performancera francesa ORLAN llevó al extremo la cirugía plástica para demostrar que la belleza no puede ser construida. En *La reencarnación de Saint ORLAN* se sometió a nueve cirugías cosméticas y reconstructivas para verse como el ideal de belleza del arte occidental según lo representan los hombres artistas. Algunos resultados de sus distintas cirugías: la nariz de la escultura de la diosa Diana, la boca de la Europa de François Boucher, la frente de la Mona Lisa de Da Vinci y la barbilla de la Venus de Botticelli.

A pesar de estas operaciones, o más bien *debido a* estas operaciones, muchos periodistas consideran "fea" a ORLAN, incluso "parecida a un pug". Si crees, como yo, que se ve poco atractiva y perturbadora, le estás dando la razón cuando dice que el "ideal" solo es posible a través de una imagen visible y no de un cuerpo físico. Su intención nunca fue hacerse más bella, sino mostrar cómo los estándares de belleza oprimen a las mujeres. Aunque no puedo evitar pensar que la cirugía plástica en este caso es brutal y un poco repulsiva, me resulta fascinante una mujer con la valentía de tasajearse la cara una y otra vez para convencernos de que la belleza puede ser una mentirosa de mierda.

Hace varios años me hice una prueba de ADN para descubrir mi estructura étnica. Aunque tenía una vaga idea de cuál podía ser, no tenía mucha información, pues nuestros documentos familiares en México son difíciles de encontrar y en algunos casos ni existen. Les he hecho a mis abuelos un millón de preguntas sobre nuestros antepasados, pero las respuestas siempre son nebulosas. Qué privilegio es conocer tu propia historia.

Cuando vi mis resultados, me puse a correr frenética por la habitación. "¡No mames! —grité—. ¡Es el mejor día de mi vida!". Casi no podía contenerme. Lo que por tanto tiempo me había preguntado, ahora estaba desglosado en una sencilla gráfica circular. La prueba reveló que soy tan multifacética como sospechaba. Tengo, por supuesto, partes considerables de española y de indígena, pero también tengo rastros de ascendencia europea y africana. De pronto, mi apariencia tuvo para mí todo el sentido del mundo.

Aún hay días en que me veo en el espejo y comienzo a criticarme: las ojeras, la piel grasa, seguramente el barro en la barbilla, la mandíbula pronunciada que heredé de mi padre. Pero, sobre todo, cuando me veo entiendo algo que antes se me escapaba: que yo decido qué es bello y qué no. Hay momentos en los que simplemente me asombro de tener conciencia y de estar viva. Se siente casi como un milagro ser esta persona, ser yo. Hay ocasiones en que me veo a mí misma y veo el mundo entero. Miro mi rostro y veo multitudes.

LLORANDO EN EL BAÑO

Era octubre de 2014 y había yo caído en la peor depresión de mi vida, la oscuridad de afuera sumiéndome en una devastadora y desconocida desesperación. Mi terapeuta me preguntó si alguna vez había pensado en el suicidio. Le dije que no, pero la verdad era que lo hacía varias veces al día. Imaginaba rentar una cabaña en Michigan y acabar conmigo bebiéndome una botella de vino y tragando un puñado de pastas. Me pondría a escuchar la hermosa obra para piano de Erik Satie mientras iba perdiendo el conocimiento y cayendo en una tranquila inconciencia. Nunca pude decirlo en voz alta.

A los treinta, mi vida era un desastre. Había escapado de la infancia para perseguir el sueño de convertirme en escritora, y ahí estaba yo, una mujer adulta, paralizada por la desesperanza y la baja autoestima. Todo lo que podía hacer era pegarme atracones de *Gilmore Girls* en la televisión, encontrar una pizca de consuelo en el idílico pueblo de Stars Hollow en Nueva Inglaterra, sus personajes benévolos y extravagantes, y las tontas aventuras en las que se metían. Me encantaba ver las interacciones entre Lorelei y su hija,

Rory, porque no guardaban ninguna semejanza con la relación que yo tenía con mi madre.

En cuanto alcancé la pubertad, mi madre y yo empezamos a tenernos resentimiento. Nuestra relación no se parecía en nada a las sanas fantasías blancas que veía en la tele. Crecí en un barrio de mexicanos de clase trabajadora que estaba plagado de violencia y miseria. Las trabajadoras sexuales y sus clientes holgazaneaban enfrente de un motel de mala muerte al final de nuestra cuadra. Dato curioso: el primer pene que vi en la vida pertenecía a un hombre que se lo estaba enseñando a una trabajadora sexual. Mi hermano veía a gente teniendo relaciones sexuales, sin más, detrás de nuestro edificio. Hombres desconocidos aspiraban drogas en nuestros botes de basura. Había pandillas por todas partes. Una vez un hombre le arrancó a mi madre una cadena de oro que llevaba en el cuello y golpeó a mi hermano hasta dejarlo tirado en el suelo cuando este intentó defenderla.

En ese ambiente, yo luchaba por encontrar un sitio para mí. Siempre había sido una niña fuera de lo común; a la mayor parte de mi familia y mis amigos les caía bien, o no me entendían o ambas cosas. La mayoría de las niñas de mi edad parecían hijas mexicanas tradicionales con su ropa bien planchada y sus trenzas. Otras usaban ropa más urbana: tenis, camisetas deportivas y aretes largos. Por mi parte, yo usaba botas militares, vestidos negros amplios y playeras de grupos musicales. Tenía el pelo corto y me lo teñía de colores divertidos. Cuando "me hice mujer" y mi sexualidad empezó a florecer, me volví un fastidio para mis padres, sobre todo mi madre.

Tenía opiniones firmes con las que nadie estaba de acuerdo. Era feminista, me chocaba la iglesia, disfrutaba la soledad y me encantaba leer y escribir. Siempre estaba escandalizando a mi madre de una u otra manera. Una de mis primeras formas de rebelión consistió en rasurarme las piernas. Tenía trece años y me estaban saliendo unos pelos negros gruesos como espinas de cactus. Avergonzada, usaba a escondidas en la regadera la rasuradora de mi papá. Una tarde de verano, que estábamos en una fiesta familiar en casa de mi tío, yo llevaba un overol corto y cuando pasé enfrente de mi madre, que estaba sentada en las escaleras, sentí su mano rozar mi pierna.

—Hija de la chingada —susurró con la cara enrojecida de ira.

Constantemente me quejaba de la injusta distribución del trabajo en nuestra casa. ¿Por qué yo tenía que calentarle las tortillas a mi hermano? ¿Qué él no tenía manos? ¿Por qué no podía ser al revés? ¿Y qué era eso de que los hombres comían primero aunque las mujeres hicieran toda la chamba? Para disgusto de mi madre, a mí no me interesaban en lo más mínimo los quehaceres domésticos. Cada vez que trataba de enseñarme a cocinar, terminaba conmigo saliendo de la cocina hecha una furia, exasperada por sus críticas y aburridísima por las minucias de picar cebolla, limpiar frijoles y freír tortillas.

Mi madre creció en una choza de madera en el campo mexicano. Hija de un trabajador que migró a los Estados Unidos por el Programa Bracero y una mujer que enfermaba con frecuencia, tenía que llevar la casa y cuidar a sus siete hermanos. Como hija mayor, empezó a cocinar a los cinco años, algo que sonaría tierno si las circunstancias no hubieran sido tan deprimentes. Hacía tortillas desde cero y a mano. Era lista y motivada pero solo pudo tener unos pocos años de escolaridad en su remoto pueblo de montaña. A la fecha sigue lamentando que únicamente pudo estudiar hasta sexto de primaria. Esto dio lugar a una cosmovisión muy estrecha, en especial en lo tocante a normas de género. En 1978, a los veintiún años, inmigró a los Estados Unidos con mi padre. Dos décadas más tarde, cuando su hija empezó a comportarse como adolescente agringada, estaba apabullada con toda razón, y reaccionó como cualquier mamá católica mexicana lo haría: con un control desenfrenado. Todo el tiempo quería saber dónde andaba; sospechaba cada vez que salía de la casa. Aunque solo trataba de protegerme, siempre sospechaba lo peor y hacía todo lo que estuviera en sus manos para evitar que yo me quedara embarazada y arruinara mi vida. Ahora entiendo ese temor.

Al principio yo solo quería espacio para respirar. Después de un tiempo, sin embargo, sí hice la clase de cosas que ella temía: experimenté con drogas, tuve relaciones sexuales, me hice *piercings* en distintas partes del cuerpo y hasta me hice un tatuaje horrible en el repugnante ático de algún cabrón. Probaba lo que fuera para aquietar mi desasosiego. Una vez golpeé una puerta después de una discusión con mis padres. A veces me cortaba.

PARA ESCAPAR DE LA desolación de mi entorno y mi tensa relación con mi madre, me perdía en los libros. Le agarré la onda a la escritura. Escribir me daba alegría. Destacaba en eso y esperaba que me ofreciera una manera de salir de ahí. Ahora me doy cuenta de que también era práctico y barato. No necesitaba más que pluma y papel. Tenía muchos otros intereses, en especial el arte y la música, pero para eso se necesitaban muchos más recursos, dinero que no teníamos.

Mis padres una vez me compraron una guitarra acústica en una venta de garage, pero como no podían pagarme las clases y yo no podía aprender sola con libros de la biblioteca, la abandoné al poco tiempo. La escritura era la manera más barata de sentirme libre. En casa me controlaban y examinaban, y la página en blanco me ofrecía posibilidades infinitas, un vehículo para crearme otra realidad.

En la secundaria, algunos maestros notaron mi talento y me alentaron a seguir escribiendo. Mr. Cislo, mi maestro de Inglés en el primer año, me apoyaba mucho y me daba cassettes grabados y libros que pensaba que me gustarían. Una vez hasta me preparó un paquete de su poesía favorita. La obra de Sharon Olds, Anne Sexton y Sandra Cisneros —mujeres que escribían con desenfado sobre sus cuerpos y sus vidas interiores— abrió un vasto espacio dentro de mí. Escribir se sentía como una emergencia. Escribía, así, poemas sobre la menstruación, la sexualidad y la tristeza. Y árboles, por supuesto. Siempre sobre árboles.

Mi segundo año fui censurada en nuestra revista literaria por usar la palabra *coño*. En otra ocasión me reprendieron por leer un poema sobre mi vagina en una asamblea escolar. Ese tipo de cosas escandalosas hacía.

Mientras yo rumiaba en mi cuarto leyendo a Anne Sexton y escribiendo sobre mi cuerpo, la mayoría de mis familiares se deslomaban como obreros. Mi papá se levantaba al amanecer para preparar pasteles de queso con mis tíos y primos en una fábrica en el West Side de Chicago. Mi mamá trabajaba en el turno nocturno en una fábrica de papel y llegaba a la casa con manos partidas y ojos melancólicos.

Mi tía, que trabajaba en una fábrica de dulces, me veía las manos cuando tenía como trece años y me decía que tenía "manos de rica". Era cierto: eran manos suaves y tersas de señora rica. Aparte de cocinar y limpiar, las mujeres de mi familia tenían empleos que consistían en trabajar intensamente con las manos. Todos los días mi madre llegaba a casa a hacer los interminables quehaceres domésticos. ¿No era normal que estuviera permanentemente cansada e irritable? Su vida estaba llena de dificultades. Su mundo giraba en torno a nosotros y la fábrica, y casi no había lugar para nada más. Nunca hizo nada para ella misma, nunca pudo permitirse lujos como tener tiempo o dinero, ni pasatiempos ni buenas amigas con las cuales relajarse al salir del trabajo. Cuando tenía como ocho años, usé su crema facial pensando que era para el cuerpo. Estaba tan enojada y decepcionada. Quería saber por qué lo había hecho. ¿Por qué haría algo así? En ese entonces no tenía ni idea de por qué me gritaba por una crema hidratante, pero ahora entiendo que probablemente era uno de los pocos gustos que se había dado en la vida, y yo se lo había quitado.

En mi familia, el éxito significaba sentarse frente a un escritorio; significaba tener aire acondicionado en los brutales meses de verano; significaba que tu jefe no se dirigiera a ti en tono condescendiente por no hablar inglés; significaba que no tuvieras que temer que la migra te deportara mientras tú estabas tratando de ganarte la vida sin molestar a nadie.

Ni mi padre ni mi madre estudiaron más allá de sexto de primaria, así que a los trece años mis hermanos y yo ya habíamos superado su nivel educativo. Mi hermano mayor y yo nos convertimos en los intérpretes e intermediarios culturales de mis padres.

Traducíamos documentos legales e información médica importante. La dinámica de poder entre los inmigrantes y sus hijos que nacen en los Estados Unidos y son hablantes nativos puede ser desconcertante para quienes nunca han tenido que defender a sus padres, que se han quedado sin poder. A veces teníamos que ser los cuidadores, nos gustara o no. Hablar a desconocidos y pedirles cosas se volvió algo fácil para mí. Aprendí a despojarme de toda timidez o intimidación porque mis padres me necesitaban, ya fuera en una reunión de maestros con padres de familia, en el centro comercial o en el teléfono con una compañía de seguros.

Cuando tenía quince años, mi mamá y yo estábamos en un merendero y, como de costumbre, yo era la encargada de comunicarme con la mesera. Tomó nuestra orden frunciendo el ceño para luego darse la media vuelta y ponerse a charlar alegremente con la gente blanca sentada junto a nosotros. Enfurecida, escribí en una servilleta: "Los mexicanos también son personas". Una frase así de sencilla. No tenía, ni de lejos, la mordacidad que después se volvería tan característica de mi persona, pero me sentí valiente por haber dicho lo que pensaba, por reafirmarme a mí y la humanidad de mi gente. Y, en efecto, ser portavoz de mis padres me enseñó a ser asertiva. Aprendí a defenderme. Aprendí a conseguir lo que me proponía.

La gente me pregunta quiénes fueron mis modelos de conducta cuando era chica, y la verdad es que la única a la que puedo concederle ese título es Lisa Simpson. Para mí, Lisa era brillante y fiel a sí misma sin ningún miedo. Me encantaba la seriedad con que expresaba sus opiniones impopulares sobre toda clase de asuntos: feminismo, literatura, derechos de los animales, migración. Claro, en ocasiones era irritante y demasiado diligente, pero, carajo, tenía integridad y agallas. Lisa era casi todo lo que yo quería ser, y me relacionaba con ella de una manera que en ese tiempo ni siquiera entendía. Me reflejaba en ella cuando, para sabotear la parrillada de Homero, destruía su puerco rostizado en pos de salvar a los animales del mundo. Eso es exactamente la clase de rectitud con la que yo habría actuado cuando era adolescente. Muchos años después, en una sesión de terapia, al comparar la relación de Lisa y Homero con la relación entre mi padre y yo, de pronto rompí en llanto. Estaba llorando por una caricatura; no lo podía creer, pero tenía sentido. Mi padre me quería pero no tenía la menor idea de quién era yo; a mí también me faltaban la compasión y madurez para entender quién era él.

¿QUÉ QUERÍA YO de la vida? Algo era seguro: ni de pedo quería trabajar en una fábrica. Esa era la peor pesadilla de mis padres. No habían cruzado la mortífera frontera de Tijuana para que sus hijos trabajaran en este país como burros. Sé que habrían sido felices con que tuviéramos un sencillo empleo administrativo, de cualquier clase, pero yo siempre supe que quería mucho más que eso: cosas ridículas, imposibles.

De ninguna manera quería casarme ni tener hijos. A juzgar por lo que veía en mi familia, los niños parecían extraerle a la vida toda la alegría. La mayoría de las mujeres casadas que conocía parecían infelices en su matrimonio, así que formé mi vida soñada a partir de libros y películas. Si otras mujeres en el mundo eran independientes financieramente, viajaban solas e iban a la universidad, ¿yo por qué no?

. . .

CURSÉ UNA LICENCIATURA y un posgrado sin ayuda financiera de mis padres. Me negué a pedírsela y hacerles cargar con más responsabilidades. Salí adelante sola —aunque eso haya significado pasar un año sin un abrigo adecuado— y estaba orgullosa de eso. Tras obtener mi maestría en Bellas Artes, pasé dos penosos años atorada en el mundo corporativo hasta que pude improvisarme una forma de ganarme la vida dando clases en una universidad local y como escritora independiente para medios como *Cosmopolitan for Latinas,* NBC News y *The Guardian.* Trajinaba y a duras penas sobrevivía. Aunque era exitosa de muchas maneras, no tenía ningún poder financiero, y de alguna manera, la falta de poder financiero volvía vergonzoso dicho éxito. No me importaba qué hubieran logrado mis madres con medios similares: se suponía que a mí me debía ir mejor. Había sido pobre la mayor parte de mi vida, y estaba cansada. Los galardones estaban bien, pero quería que mi éxito se tradujera en dinero contante y sonante en mis manitas morenas. Quería el lujo de comprarme un par de zapatos sin caer en una espiral de preocupación y culpa.

Me casé en el verano que cumplí treinta años. En ese tiempo mi escritura había llamado la atención de una empresa de relaciones públicas y me ofrecieron un puesto asalariado de tiempo completo como estratega sénior. Gran parte de mi escritura se concentraría en derechos reproductivos, tema que me apasionaba desde la adolescencia, y significaba más dinero del que jamás hubiera visto en la vida. No era, ni de lejos, el trabajo de mis sueños —yo había imaginado que a los treinta sería profesora o una escritora famosa (¡ja!)—, pero me emocionaba escribir sobre asuntos que me importaban y estaba muy ansiosa por ser compensada por mi conocimiento y mi talento. Aunque aún podía vivir en Chicago, el trabajo requería que viajara con frecuencia a Nueva York. Siempre había sido una persona resuelta y ya había viajado a muchos sitios yo sola. Sentí que podía hacer lo que fuera.

DESPUÉS DE MI PRIMER día regresé al temblorosa y asustada al departamento del Upper West Side que me habían proporcionado en el trabajo. Es todo lo que recuerdo. Eso y un futón en la sala que olía abrumadoramente a hombre. Todas las noches siguientes desperté empapada en sudor. A veces veía a amigos después del trabajo y lloraba en la cena. Afortunadamente estaba en Manhattan y a nadie le importaba que una mujer adulta estuviera desahogándose sobre su pollo Kung Pao. El hombre que iba caminando por la calle con un gato posado en su cabeza y la mujer borracha con calzones de malla de red dando traspiés eran mucho más interesantes.

La segunda vez que fui a Nueva York empecé a perder la razón. Era como si algunos cables se hubieran cruzado en mi cerebro. De pronto me encontraba tan tensa que olvidaba cómo respirar a un ritmo normal. "Ya no sé cómo respirar", le dije a mi esposo muy asustada.

EL COMPONENTE MÁS vergonzoso de la estructura de la compañía era un sistema para llevar la cuenta del tiempo que se llamaba Tiempo de Tarea. Se trataba básicamente de que todos teníamos que explicar en qué empleábamos cada minuto del día. Si yo cambiaba de tarea —digamos, de un boletín de prensa a hablar con una compañera sobre algún otro cliente—, se esperaba que detuviera el cronómetro que llevaba la cuenta del tiempo que dedicaba a ese proyecto y empezara una nueva cuenta para registrar cuánto duraba la conversación sobre el otro cliente. Nuestros cronómetros tenían que estar funcionando todo el día para que la gerencia pudiera controlar lo que estábamos haciendo. Las multitareas se volvieron insoportables porque cada tareíta estúpida tenía que documentarse. Nos exigían escribir una descripción de todo lo que hacíamos a lo largo del día, y para cuando nos íbamos al final de la tarde teníamos que sumar al menos ocho horas de trabajo hecho en la oficina. Si las cuentas no cuadraban, si había algún intervalo, se avecinaban problemas.

No solo era humillante usar el sistema Tiempo de Tarea, sino que desencadenaba episodios de ansiedad severa. No podía dormir. Adelgacé. Lloraba en el baño. Tomaba ansiolíticos a escondidas de mi marido solo para poder llegar al final del día. Había luchado un montón para crear la vida que quería para mí —una vida de arte y libertad— y ahora estaba atrapada en un trabajo que controlaba todos mis movimientos. Me aterrorizaba. Y aunque el sueldo era mucho mayor que los exiguos ingresos de mis padres, a mí, en algunos sentidos, me trataban como a ellos en la fábrica: mi jefa era rigurosa y condescendiente y se esperaba que yo produjera textos en serie, como si fuera una máquina. Tenía que terminar complejos proyectos de escritura en tiempos muy poco razonables. Me llenaba de angustia. Una vez mi jefa me regañó enfrente de un compañero de trabajo por haber tomado notas en una reunión. Otra vez me hizo revisar once veces un documento de seiscientas palabras, lo que representó nueve horas de trabajo. Sus propios errores (los que sí reconocía haber cometido) los consideraba inocuos, pero los de otras personas eran grandes fracasos. Los traspiés, tanto los de ella como los de mis colegas, teníamos que rectificarlos nosotros. Es, todavía hoy, una de las peores personas que he conocido, título impresionante tomando en cuenta con cuántos cabrones me he cruzado a lo largo de los años.

Cuando le hablé a una amiga de la cultura burocrática y las condiciones laborales de mi trabajo, lo describió con toda exactitud como "una fábrica explotadora de la mente". Nunca en toda mi vida adulta me había sentido tan devaluada y tan poco respetada.

COMO PERFECCIONISTA QUE SOY, estaba acostumbrada a cumplir, si no es que superar, las expectativas que se tenían sobre mí. Pero los fallos estaban evidentemente incorporados en el trabajo a manera de incentivo perverso para mejorar el desempeño, así que yo no solo estaba fallando, sino que estaba fallando *a menudo*. No lo supe manejar. De hecho, desde que era niña no había tenido que enfrentarme a la decepción del fracaso con tan poca elegancia. Una vez, en el kindergarten, hice un árbol de Navidad para el que tenía que pegar Fruti Lupis y formar con ellos una guirnalda. No me gustó cómo salió mi árbol: había usado demasiado pegamento y estaba muy desordenado para mi gusto. Le pedí a la maestra que me diera la oportunidad de volver a empezar, pero se negó. Aunque insistió en que se veía bien, yo estaba tan avergonzada de mi pinchurrienta obra de arte que no pude dejar de llorar. La maestra llamó a mi papá para que me recogiera porque estaba inconsolable.

Al saber que yo no era lo que mis padres, mi cultura o mi entorno esperaban de mí, que era una decepción en muchos sentidos, me impuse estándares increíblemente altos desde muy chica. Siempre había sido muy estudiosa y me acercaba a cada tema de interés con una fervorosa dedicación. Por ejemplo, obsesionarme con cada palabra de mis poemas hasta encontrar la perfecta. No se esperaba que la gente como yo fuera exitosa, y yo tenía la intención de demostrar que todos se equivocaban. Y, por supuesto, a algunas de nosotras el trauma nos hace rendir más de lo que se espera.

SIEMPRE ME HACÍA feliz ser la persona más trabajadora del lugar, pero este trabajo era diferente. Al cabo de varias semanas realizando mis nuevas funciones, me empezó a costar trabajo funcionar en el trabajo y en la casa. No podía levantarme del sillón y muy seguido dormía para escapar de la agitación de mi cerebro. Me mantenía alejada de mi familia porque no quería que se preocuparan, y eludía a las amistades porque la sola idea de hablar con gente me agotaba. Llevaba unos cuantos meses casada y el matrimonio ya empezaba a desdoblarse. Fue una de las etapas en que más sola me he sentido.

Mi jefa hipercrítica y el sistema de cronometraje removió mis problemas con la autoridad y la vigilancia. Me molestaba la situación porque era infantilizante. Mi entorno, una vez más, quería que yo me conformara. Quería que me callara la boca.

Quince años después de mi primer episodio suicida, ahí estaba yo, otra vez queriéndome morir. Pensaba que mi escritura me daría la libertad de hacer lo que quisiera, tener la vida que siempre había imaginado para mí cuando era niña. Sin embargo, daba la sensación de ser otra trampa.

. . .

Renunciar nunca me había parecido una opción, aunque sabía que ese ambiente de trabajo seguiría destruyéndome. Al principio traté de negociar una mejor situación laboral para mí sugiriendo que fuera mejor su asesora, pero las migajas que me ofrecían no me habrían permitido vivir en Chicago. Una noche di rienda suelta a todo mi enojo y frustración en una colosal llamada telefónica con mi jefa. Caminaba impaciente de arriba abajo por el departamento, bufando, y, tras explicarle todas las maneras en que su negocio familiar la estaba cagando, renuncié. Fue una gran catarsis, de esas cosas con que fantaseas pero dudas hacer jamás. De todas formas, renunciar se sintió como fracaso. Me veía a mí misma como una mujer resiliente, y sin embargo no aguantaba eso. *¿Quién diablos te crees que eres?*, me preguntaba una y otra vez. Después de todo lo que mis padres habían aguantado para criarnos, el hecho de no poder con un trabajo de oficina, por agobiante que fuera, era vergonzoso.

Tenía miedo de contarle a mi mamá que había renunciado al trabajo mejor pagado que hubiera tenido pero, después de haberlo hecho, ella se sintió aliviada más que decepcionada: había visto el deterioro de mi salud mental.

—Tú sí eres chingona —me dijo mi mamá cuando le di la noticia.

Solo ahora percibo la ironía. *Chingona*, literalmente, una mujer que coge. Yo había resistido sus intentos de protegerme y ella había aprendido a admirarme por eso. Entonces entendí que para mi madre nunca sería un fracaso. Habíamos pasado tantos años riñendo y malinterpretándonos que no me había dado cuenta de que al final la había hecho estar sumamente orgullosa de mí.

. . .

POCAS SEMANAS después de dejar mi trabajo, una organización internacional con la que ya había trabajado me ofreció un proyecto de consultoría en Trinidad. Me mandaron allá para informar sobre los programas de prevención de cáncer cervical y entrevistar a mujeres de bajos ingresos a quienes una operación les había salvado la vida. Me pagaban por viajar y escribir sobre un tema feminista que me importaba; era una de las oportunidades más emocionantes de mi vida.

Parada en la fila de revisión de pasaportes, esperando a entrar al país, recordé que apenas unas semanas antes había estado sollozando en mi sillón, deseando morir. Y ahora estaba en una tierra extranjera, no solo funcionando sino jubilosa por mis circunstancias, por la vida que podía meticulosamente construir y reconstruir. Tenía libertad de movimiento e independencia, podía elegir cosas que mi madre nunca habría podido siquiera imaginar. Cuando, treinta y ocho años antes, ella cruzó esa mortífera frontera, estaba dándome a mí permiso de cruzar algún día la mía propia.

ME GUSTA DISFRUTAR

Después de que asesinaron a su padre, mi abuela lavó en el río su ropa llena de sangre. La primera vez que oí esa historia, en una visita a México a los veintitantos años, imaginé a mi joven abuela sollozando mientras tallaba la ropa contra las piedras del río, la sangre pintando el agua de rojo y rosa. Hasta años después no me pregunté por qué no simplemente la habían tirado.

HACE AÑOS llamé a mi abuela desde casa de mis padres para desearle un feliz cumpleaños. Ya tiene como noventa años y desde que me acuerdo ha tenido mala salud. Ha sufrido penurias que a mí me resultan inconcebibles. De jovencita era tan pobre que trabajó como empleada doméstica en una residencia de maestros, y cuando se casó con mi abuelo, a los dieciocho años, festejaron con galletas y chocolate caliente en la mañana de su boda, pues era lo único que podían permitirse. Y aunque tiene su lado precioso, no lo idealizo.

Mi abuela tuvo siete hijos, sin incluir a los que murieron. Había ocasiones en que ni siquiera podía comprar sal o alimento para las gallinas. Una tarde, sentada en la mesa de la cocina de su casa en México, mi tía me contó una historia para ejemplificar el tamaño de la pobreza de nuestra familia: después de una gran fiesta, la cuñada de mi abuela le dio bandejas de sobras para que alimentara a sus hijos. Al día siguiente, cuando mi abuela estaba por servir la comida, descubrió que estaba llena de palillos de dientes, servilletas y otros desechos. Resulta que esa mujer le había dado a mi abuela los restos que la gente había dejado en sus platos. No puedo imaginarme tener que soportar una humillación semejante: que te sirvan comida que normalmente se usa para alimentar a los cerdos o para tirarla a la basura. Yo crecí en un departamento lleno de cucarachas y a veces no había agua caliente, pero eso ya era demasiado.

Sosteniendo el teléfono contra mi oreja, moví los labios para decirles a mis padres:

—¿Sabe lo del divorcio? —Y asintieron con la cabeza.

Por lo general, le ahorramos a mi abuela esa clase de malas noticias porque tiende a preocuparse e incluso enfermarse de la preocupación. Se sabe que yo soy malísima para fingir —mi voz y mi expresión siempre revelan la verdad—, así que me alivió no tener que evadir sus preguntas.

Mi abuela me preguntó sobre mi vida, quería saber por qué mi ex y yo no habíamos podido arreglar nuestros problemas. Le di una respuesta vaga, pues era imposible contar sucintamente esa verdad, explicar por qué después de ocho años y medio juntos, y sólo un año y medio de matrimonio, me había dado cuenta de que nuestra relación no podía rescatarse. Como toda anciana mexicana, se dijo preocupada por mi edad. Estar divorciada y sin hijos a los treinta y dos años era algo nunca visto en mi familia. La tranquilicé diciéndole que estaba buscando pareja y que no era demasiado grande para tener hijos, y que a pesar de mis obstáculos y mi útero vacío, estaba contenta con mi vida. Sin embargo, mi abuela no pareció convencida y expresó preocupación por mis costumbres de vagabunda. Esa es la reputación que tengo en mi familia: una mujer inquieta que hace lo que quiere. Nunca he dejado que otros decidan mi vida por mí y no puedo quedarme quieta, algo que siempre ha exasperado a mis padres y desconcertado a todos los demás. Me he mudado y he viajado tantas veces que dejé de llevar la cuenta. Creo que mi abuela me imagina cargando eternamente una maleta. Me apoda "Golondrina". Como homenaje a ella, tengo una golondrina tatuada en el antebrazo. En la canción "Las golondrinas", que canta Pedro Infante, un pájaro cansado viaja en busca de una casa. También la persona que habla en la canción está perdida, pero no puede volar, y le ofrece a la golondrina un espacio en su corazón para que construya ahí su nido.

No me ofendían las indagaciones de mi abuela sobre mi vida romántica porque sabía que las hacía desde su amor por mí. Siempre ha sido una de mis defensoras más leales. De adolescente, un verano que la fui a visitar, alcancé a oírla hablar sobre mí cuando pensaba que yo seguía durmiendo. Le dijo a la persona con la que estaba hablando que yo era lista y especial, pero incomprendida. Me conmovió eso porque a esa edad sentía que nadie me veía de una manera compasiva o siquiera remotamente exacta.

Mi abuela se llama Clara, y su nombre refleja lo que siempre ha sido para mí. Su amor es incondicional y nunca complicado.

Mientras intentaba justificarme con ella, me di cuenta de que era totalmente imposible. Mi vida siempre ha estado definida por la literatura, las palabras y los libros. Desde los doce años, lo único que había querido era ser escritora. Ahí estaba yo, construyéndome una carrera, viviendo en muchos sentidos mis sueños de infancia, pero ella parecía creer que mi vida se estaba desmoronando. Es normal. Mi abuela nunca tuvo ninguna formación académica, nunca aprendió a leer o escribir, y ha pasado toda la vida en un pueblo en el que todo mundo la conoce. Cuando pienso en la brecha entre nosotras, a veces me asombro.

La familia es lo que más le importa a mi abuela, y lo entiendo. Yo también deseaba mi propia familia, esa idea de pertenencia. En parte por eso me divorcié. Pero antes de construir una familia, planeaba seguir llevando una vida autocomplaciente. No estoy segura de poder explicarle esto a mi abuela: que básicamente hago lo que se me hincha la gana y que he dedicado una escandalosa cantidad de tiempo y dinero a perseguir mis placeres. Ella es una mujer que no tuvo suficiente comida para alimentar a su familia y yo acababa de hacer un viaje a Europa simplemente porque había querido.

Cuando la gente me preguntaba por qué Portugal, no tenía una buena respuesta. Reservé el viaje una noche, llevada por un impulso. Parecía lo bastante seguro para una mujer viajando sola y yo estaba a punto de recibir la primera parte del anticipo por mi novela. Bromeaba diciendo que estaba haciendo algo tipo *Comer, rezar, amar*, salvo que yo no era una señora blanca y rica. Llevaba meses queriendo hacer un viaje pero me la pasaba tratando de convencerme de que mejor no; tenía millones de razones para no hacerlo: préstamos de estudiante, divorcio, recibos, mudanza, etc. Pero parte de mí sentía que, después de que mis dos libros habían sido aceptados para su publicación, me merecía ese viaje. Había esperado veinte años a que eso pasara y no había tenido oportunidad de celebrar porque recibí la noticia cuando estaba a punto de dejar a mi marido.

Algunos dicen que después de un divorcio la gente gasta grandes cantidades de dinero en cosas frívolas tratando de recuperar su vida, y supongo que eso es lo que estaba haciendo. Dos semanas después de reservar el vuelo, estaba en Lisboa sin ningún plan concreto.

LA CIUDAD ESTABA en una bella decadencia. En sus viejos edificios ornamentados abandonados hacía tiempo, brotaba mala hierba de los tejados, y de casi todos los agujeros y grietas. Los omnipresentes graffitis le daban una especie de textura y un brillante carácter descarnado por el que frecuentemente me siento atraída. La decadencia nos dice que todos estamos aquí de paso. Siempre me ha encantado la manera como la naturaleza puede reclamar los espacios; la resiliencia y la tenacidad me dan esperanzas. Creo que eso debería darnos una lección de humildad, recordarnos cuán pasajeros e insignificantes somos, no solo en este planeta sino en el universo entero. *¿Qué carajos importamos en el universo?*, me suelo preguntar. Si bien antes esta idea me paralizaba, ahora me resulta reconfortante. Me refugio en la idea de eternidad.

Algunas personas con las que me topé se quedaban perplejas al ver a una mujer viajando sola. En ocasiones yo también me preguntaba qué diablos estaba haciendo con mi vida y sentía cierto remordimiento mientras me tomaba una copa de vino verde en una terraza. No le rendía cuentas a nadie, algo que resultaba liberador y a la vez intimidante. ¿Quién me daba permiso de ser esa persona?

A la manera de las insufribles comedias románticas sobre mujeres que se "encuentran" a sí mismas en el extranjero, estaba impaciente por acostarme con alguien y tener una aventura sexi, pero eso estaba resultando difícil. No parecía haber pretendientes viables. Me planteé la posibilidad de tener relaciones sexuales con mi primer anfitrión de Airbnb hasta que me dijo que estaba "escribiendo un libro sobre su vida", manera garantizada de derrotar mis deseos. También me dijo que su escritor favorito era Paulo Coelho, y para entonces yo ya había bajado la cortina. *Fechada,* le dije a una amiga cuando regresé. Estaba un tipo que me acompañó en una excursión de un día a Sintra, una villa de cuento de hadas a las afueras de Lisboa, pero no era ni atractivo ni interesante, así que después de un rato lo abandoné cortésmente.

Una tarde caminé a una antigua fortaleza en la parte más alta de la ciudad. Tenía una vista espectacular de los puentes, las brillantes construcciones y los tejados de terracota. Traté de disfrutar el tiempo y los estupendos lugares, y ponía todo de mi parte para sofocar mi soledad cuando veía a parejas, familias y grupos de amigos. Subí y bajé las estrechas escaleras y tomé fotos del castillo. Mientras me abría paso para bajar de la colina vi una pandilla de adolescentes ruidosos. Pensé en darme la media vuelta y caminar en la dirección opuesta. Los grupos de niños a veces me abruman y —me avergüenza reconocerlo— me preocupaba que pudieran hacer algún comentario malintencionado. Luego reparé en lo absurdo que era: literalmente *me daban miedo los niños.* Decidí que no iba a buscar otro camino y seguí caminando. Al pasar el grupo, uno de ellos gritó "Bella" y otra dijo "Hermosa" con añoranza y como un poco incrédula. Por un momento me pregunté de quién estarían hablando y entonces caí en la cuenta de que se referían a mí.

Me dio mucha pena. No sabía cómo responder a esos dulces jovencitos, así que sólo sonreí y seguí mi camino. Estaba atónita. Fue entonces cuando entendí que había pasado gran parte de mi vida preparándome para el dolor, la incomodidad y la humillación.

ESA NOCHE me vestí y fui a un tradicional club de fado en una parte encantadora y laberíntica de la ciudad. Ya estaba enamorada de esa música hermosamente triste. Me senté sola cerca del escenario a beber oporto, tratando de no cohibirme. Aunque no me avergonzaba estar sola, sabía que mucha gente siente lástima de las mujeres sin compañía. No debería importarme, pero prefiero que no me observen, y me cansan las preguntas: *¿Por qué tan sola? ¿Quién es tu esposo? ¿No te da miedo viajar sola?* A veces es como si el mundo pensara que eres intrascendente, tonta incluso, cuando eres una mujer solitaria.

La música era deslumbrante y removió una confusión de emociones. Parte de mí se sentía como si mi alma estuviera purgándose. Se parecía a lo que sentía al ver bailar flamenco en España: un dolor profundo y satisfactorio. Me pregunté si esa belleza, como el duende, también nacía de su proximidad con la muerte. ¿O era el reconocimiento de la pérdida? ¿Son la misma cosa? Era uno de los sonidos más transformadores que jamás hubiera oído, y había momentos en los que pensaba que las vísceras me estallarían. En ese angustioso estado de satisfacción, me di cuenta de que una pareja sosa me veía y luego se echaban unas miraditas entre ellos. Sentí que estaban juzgándome, que les daba lástima. Pero era yo la que los compadecía, porque era evidente que habían llegado a la etapa de su relación en la que se aburrían horrores el uno del otro, en que buscaban desesperadamente algo de qué hablar porque habían agotado todos los temas. Por eso yo les resultaba tan interesante. Lo reconocí porque lo había vivido.

Fado viene de *fatum, destino* en latín. Dicen que *saudade* es intraducible, pero es una palabra que para mí se siente como una vieja capa familiar, pues he pasado mucho tiempo de mi vida hambrienta tanto del pasado como del futuro. La saudade se describe de varias maneras: añoranza por la tierra natal, añoranza por el pasado, añoranza por algo que no existe o nunca existió, añoranza por un ser amado que ya no está. Una esperanza por algo que no puedes controlar. Una ausencia que se vuelve presencia. Una herida existencial. Una añoranza dichosa. Una profunda nostalgia. De acuerdo con el escritor portugués Francisco Manuel de Melo, la saudade es "un placer que sufres, una dolencia que disfrutas". A veces cargas la tristeza contigo porque no quieres soltar a la persona a la que deseas, aunque sepas que nunca volverá, aunque llevarla dentro de ti te cause un dolor punzante. Como el duende, es una herida que nunca cierra. Para mí se siente como estar enamorada de un fantasma. Es saborear el sufrimiento. Adorar un vacío. He hecho esto toda mi vida.

EN PORTUGAL PASÉ la mayor parte del tiempo perdiéndome en diferentes ciudades, escribiendo en mi diario, atiborrándome de pastelitos y bebiendo vino. Paseaba en un constante estado de sobrecogimiento. Para cuando llegué a Oporto, la última ciudad de mi itinerario, había perdido toda esperanza de vivir un romance europeo. Acababa de salir con un hombre que decía haber leído dos libros en toda su vida y me desilusioné (al principio me pregunté si no sería la barrera del idioma, pero pronto me di cuenta de que era lisa y llanamente tonto; cuando me dijo que escribía poesía, me puse hostil y me fui de ahí).

Llegué a mi hotel y me cambié de prisa. Estaba toda sudada y ya me estaba quedando sin ropa. Tenía húmedo el cuerpo, fragante la ropa interior, pero no quería perder el tiempo dándome un regaderazo porque tenía tan solo veinticuatro horas para explorar Oporto.

Me paré en la esquina de la calle debatiendo dónde comer cuando en eso vi a un hombre guapo con una lustrosa barba sirviendo bebidas en un café. Tenía cierto aire anacrónico: alto y delgado, con chaleco negro y sombrero de copa. Decidí comer ahí y sentí que me miraba comer, así que decidí preguntarle si tenía planes para esa noche. En ese momento me sentía audaz y no tenía nada que perder.

Se llamaba Filipe y más tarde, llevándome a recorrer Oporto, lamentó que no hubiera ido antes. Era uno de los lugares más románticos que yo hubiera visto: la estética era una especie de nostalgia marchita, como si la ciudad misma añorase un tiempo ido. Ninguno de los dos podía dejar de sonreír. Me llevó a ver las hermosas paredes de azulejos de la estación de tren, me mostró arquitectura deslumbrante y tomó fotos mías sonriendo en el Ponte D. Luíz I. En algún momento nos detuvimos en una plaza donde había un grupo de gente bailando tango. Mientras Filipe iba a buscar su coche para que fuéramos a la playa, yo me quedé ahí mirando boquiabierta a las alegres parejas y reflexionando sobre mi buena suerte.

El momento parecía demasiado placentero, demasiado cinematográfico para ser real.

Nos sentamos en un bar cerca del mar y bebimos cerveza al atardecer. Era domingo y muchas familias habían salido a disfrutar el día. Nerviosa, apuré mi vaso gigante de cerveza en pocos minutos y pedí otro. Estaba tan cohibida que ni siquiera quería comer las aceitunas que nos pusieron enfrente, temerosa de cómo me vería al masticarlas. Hicimos todo lo posible por entendernos en español, que él no dominaba del todo, porque mi portugués no tenía remedio.

El sol estaba empezando a ponerse y cuando caminamos de vuelta al coche el aire estaba casi frío. Una ráfaga de viento le voló el sombrero a Filipe, y me pareció tierna la manera como fuimos tras él. Cuando él lo recuperó y me alcanzó, los dos nos miramos y nos besamos haciendo caso omiso de la gente que estaba a nuestro alrededor. Fue un beso desesperado, casi frenético. Había deseado tanto esa historia que me inventé toda clase de sentimientos.

Camino a su departamento nos quedamos atrapados en el tráfico. Lo que normalmente habría sido un trayecto de quince minutos nos tomó más de una hora. Cuando el carro se detenía, nos tomábamos de la mano y nos toqueteábamos. Filipe dijo todas las cosas estereotipadas que necesitaba escuchar: sentía una conexión conmigo, le gustaba mi sonrisa, yo era especial. A lo mejor nos habíamos conocido en otra vida, sugerí. No podía creer que estuvieran saliendo de mi boca tantas tonterías.

Miré el cielo oscurecerse y me dije que debía recordar ese momento. El anochecer siempre ha sido mi momento favorito del día: la suavidad de la luz, el sonido de los grillos y las cigarras. Hay en ese tranquilo zumbido una tranquilidad, un suspenso que me emociona. Es la hora a la que la mayoría de la gente empieza a relajarse y a disfrutar de sus placeres. Una de las experiencias más gozosas es dar un paseo en el crepúsculo cuando los aromas de la cena flotan por las calles.

Al acercarnos al barrio de Filipe nos paramos en una tiendita a comprar algo para cenar. Todo era muy europeo: queso, aceitunas, paté, pan y helado. Estábamos atolondrados (no podíamos dejar de tocarnos) y me puedo imaginar cuán detestables debimos de parecerles a los otros clientes de la fila.

Filipe y yo tuvimos relaciones sexuales después de cenar y continuamos a lo largo de la noche y hasta bien entrada la mañana. Aunque visto en retrospectiva fue un sexo mediocre (muchas penetraciones poco cuidadosas), me hice creer que había sido maravilloso. Mi cachonda fantasía europea se había cristalizado. Ay, las mentiras que nos contamos.

A la mañana siguiente tomamos un espresso y un pan tostado en un café de por ahí. Nos tomamos de la mano y nos besamos en la calle. Cogimos unas veces más en su departamento antes de que me llevara a la estación de camiones. Filipe me dijo que deseaba que pudiera quedarme, qué pena que nos hubiéramos tenido que conocer al final de mi viaje. Me pidió que volviera para ir a conocer el viñedo de su familia y dijo que me llevaría a un recorrido por las tierras vinícolas. Dijo que iría a visitarme a Chicago en el otoño, que es cuando menos actividades tenía. Un hombre nos tomó una foto antes de que yo abordara el autobús. El día estaba soleado y parecíamos una pareja feliz.

Regresé a Chicago con ideas románticas de una aventura transatlántica. Me sentía radiante y sexi, que era lo contrario de cómo me había sentido al final de mi matrimonio.

Filipe y yo chateábamos en línea, a veces con la cámara encendida. Nos decíamos que nos extrañábamos y tramábamos planes para volver a vernos. Una noche, que regresé a casa después de dos semanas, me contó que había pasado el fin de semana cogiendo con su novia. Por un instante me pregunté muy estúpidamente si no habría entendido mal por la barrera del idioma. ¿Cogiendo con su novia? No podía ser. Pero cuando le pedí que lo aclarara, volvió a decirlo.

Aunque no lo consideraba mi novio, eso sí que no me lo esperaba. Había observado su departamento y no había ningún rastro de mujer: nada de cintas para el pelo, maquillaje olvidado o cepillo de dientes extra.

Me quedé viendo mi laptop con incredulidad. Seguí pidiéndole que me explicara por qué nos había mentido a su novia y a mí. ¿Qué clase de persona era?

Filipe decía no haber hecho nada malo y que todo lo que había dicho era en serio. Seguía queriéndome y tenía ganas de volver a verme. ¿Por qué?, insistí. Al tratar de razonar con él me iba exasperando cada vez más.

—Me gusta disfrutar —me dijo al fin.

¿Y qué se responde a eso?

LLORÉ ESA NOCHE y parte de la mañana siguiente. No era que estuviera enamorada de ese hombre al que apenas si conocía. Era que me había decepcionado, como todos los demás hombres. Hacia la tarde, sin embargo, empecé a encontrarle el lado chistoso y les conté a varias amigas sobre el "Me gusta disfrutar". Muy pronto se volvió uno de nuestros eslóganes. Era tan absurdo que ya ni siquiera podía estar enojada. Mientras yo creía estar viviendo una comedia romántica sensiblera, este hombre nos mentía a su novia y a mí.

Justo cuando estaba empezando a dejar ir la terrible experiencia recibí un mensaje por Facebook de la novia de Filipe. Ahora estaba yo enredada en un drama internacional. Incluyó capturas de pantalla de mensajes entre Filipe y un amigo suyo. Estaban en portugués, pero pude traducirlos con ayuda de internet. En el intercambio, Filipe alardeaba de haber tenido relaciones sexuales conmigo. Decía que era una "loca americana ninfómana que quería tener sexo toda la noche y todo el día". Su novia quería saber si eso era cierto, si Filipe y yo nos habíamos acostado. Quería decirle que por supuesto que era cierto. ¿Se necesitaban más pruebas?

Su respuesta me sorprendió. "Gracias", puso, y nunca volví a saber de ella.

Esa tarde llamé a mi amiga Sara y le conté la historia. Me lamenté de sentirme usada y cosificada.

—No —me aseguró—. No te sientas así. Simplemente tienes un coño de fama mundial.

CUANDO ME FUI de casa de mis padres en mi último año de universidad, uno de mis tíos le dijo a su hija que no se me acercara. Le dijo que yo era una mala influencia y que no quería que fuera parte de su vida. ¿Mi delito? Había llevado a mi prima una noche a Chipotle para animarla a entrar a la universidad. La ironía era pasmosa. Según mi tío, yo era una mala mujer porque vivía sola y había viajado a México con mi novio el verano anterior. Esto lo decía un hombre que había llevado una doble vida: por varios años, mi tío había mantenido una aventura con una mujer y tenía un hijo con ella.

Así de amenazante es una mujer sola para la endeble idea de masculinidad.

En el ensayo "Los hijos de la Malinche", Octavio Paz, de quien podría decirse que es un misógino por derecho propio, descifra esta arraigada idea de las mujeres en la psique mexicana. "Pasiva, se convierte en diosa, amada, ser que encarna los elementos estables y antiguos del universo: la tierra, madre y virgen; activa, es siempre función, medio, canal. La feminidad nunca es un fin en sí mismo, como lo es la hombría". No tenemos permitido ser seres humanos, agentes de nuestra propia existencia, porque se nos ha obligado a ser símbolos de nuestra cultura entera. Pero ¿y si rechazamos esta responsabilidad? ¿Y si decimos "A la chingada todo esto" y lo incendiamos todo?

"Para los mexicanos la mujer es un ser oscuro, secreto y pasivo. No se le atribuyen malos instintos: se pretende que ni siquiera los tiene", continúa Paz. O, más precisamente, sus instintos no son los suyos sino los de la especie, porque es la encarnación de la fuerza de vida, que es fundamentalmente impersonal. Así, para ella es imposible tener una vida privada, pues si fuera ella misma, si fuera la dueña y señora de sus propios deseos, pasiones o caprichos, se sería infiel.

EMPECÉ A MUDARME a mi nuevo departamento en el South Side de Chicago como un mes después de haberle dicho a mi esposo que quería el divorcio. Cuando entré por la puerta me dije a mí misma en voz alta:

—Voy a ser feliz aquí.

Más que un deseo, era una promesa. Era la primera vez en mi vida que viviría completamente sola. Siempre había tenido que compartir un espacio de una u otra forma, y aunque mi divorcio fue un golpe tremendo, la idea de no estar atada a nadie me resultaba casi embriagadora.

Vivir sola resultó ser placentero de múltiples maneras, pero pronto descubrí que no sabía alimentarme bien. Había ocasiones en las que no comía nada más que trucha en lata y galletas saladas. Una vez comí papas fritas y un tazón de dip y me quedé dormida llorando en el sillón. No estaba motivada para cuidarme de una manera adulta. Comer sola se sentía como un quehacer, y no había nadie para juzgar cómo vivía (cabe señalar que cuando empecé a escribir este ensayo aún no tenía salero ni plancha). A pesar de eso, insistí en que era mi renacimiento.

Me encantaba quedarme hasta tarde leyendo y escribiendo. Caminaba de un lado al otro del departamento mientras escribía poemas. Ponía a alto volumen la música que se me antojara. Leía poesía en voz alta. Veía películas oscuras a medianoche.

En los primeros meses salí con hombres desenfrenadamente… tanto anhelaba ser deseada. La mayoría de los encuentros eran vacíos —no había sacado en claro que necesitaba una conexión emocional para tener una experiencia sexual verdaderamente gratificante—, pero seguía disfrutando la emoción de tocar el cuerpo de un desconocido, de dejar que alguien se introdujera en mí.

Una tarde mi gata sacó un condón usado de abajo de mi cama. Mientras lo miraba fijamente ahí en medio de la sala me di cuenta de que no estaba segura de a quién había pertenecido. Mi gata me estaba echando en cara mi putería.

. . .

EN *UNA HABITACIÓN PROPIA*, Virginia Woolf escribe: "Todas las circunstancias de su vida, todos sus propios instintos eran contrarios al estado mental que se necesita para liberar lo que se tiene en el cerebro". ¿Qué significaba para mí la libertad? El espacio y el tiempo para crear arte. Para estar sola. Para leer. Para asombrarme. Para experimentar. Aunque Woolf no podría haber concebido a una persona como yo, sus palabras iluminaban gran parte de mi realidad: el amor innato por las letras que siempre había dictado mi vida. Cuando era niña, a mi madre le preocupaba que leía demasiado y pasaba demasiado tiempo sola. Podía estar horas enfrascada en un libro, perdiéndome en mundos ficticios, pasando por alto mis responsabilidades y mi entorno. Algo tenían esos lugares de mi imaginación: una idea de posibilidad ilimitada que no encontraba en ninguna otra parte.

Mi vida ha estado definida por la poesía pero nunca fue propicia para crearla; no había nada en mi entorno que alentara esa vocación. De adolescente defendía constantemente mi soledad y, como hija de inmigrantes de clase trabajadora, esta forma de expresión artística a todo mundo le parecía un lujo, incluso a mí. A veces todavía me pregunto por qué me encantaban tanto nada menos que las palabras. ¿Quién pudo habérmelo contagiado?

Las mujeres necesitan dinero para florecer intelectualmente, insiste Woolf. Eso siempre será cierto. Algunos de los momentos más miserables de mi vida los pasé en los embrutecedores trabajos de oficina que acepté por desesperación. Cualquier cosa que me impidiera estar leyendo y escribiendo se sentía como castigo, porque siempre era consciente de estar desperdiciando mis talentos.

A menudo pienso en todas las mujeres de clase trabajadora que han heredado dones que tienen que reprimir para sobrevivir y alimentar a sus familias. Mi madre, por ejemplo, es una mujer con curiosidad intelectual, pero trabajaba en el turno nocturno de una fábrica y nunca tuvo un momento para ella misma, ya no se diga tiempo para leer un libro. Me pregunto en quién se habría convertido en un contexto diferente.

Aunque en ese momento de mi vida no era rica ni mucho menos, había ganado una generosa beca para escribir poesía que me ayudaba a mantenerme a flote. También había ahorrado una parte considerable de mis ingresos mientras tuve ese trabajo administrativo de relaciones públicas que casi me destruye la moral, y, como mencioné, acababa de recibir una parte del anticipo por mi novela. Había sacrificado mucho para vivir así, me había acomodado una chinga, pero sin lugar a dudas era una privilegiada. Escribir este mismísimo ensayo habría sido imposible sin el lujo de la intimidad y el silencio.

MI RELACIÓN CON Luisa, mi abuela materna, es tirante. Me ha odiado desde que yo era niña y nunca trató de disimularlo. Sigo sin saber exactamente por qué (sospecho que era envidia), pero, sobra decir, yo no la quiero. De todas formas trato de establecer con ella lazos de empatía, pues sé que ha sufrido. Como les pasó a la mayoría de las mujeres mexicanas de sus tiempos, el matrimonio era por lo general la única opción. Ir a la escuela o tener una carrera sencillamente no estaba sobre el tapete. Y se esperaba que las mujeres soportaran calladas todo el sufrimiento.

Hace poco mi mamá me dijo que de niña mi abuela disfrutaba aprender y quería ir a la escuela, pero que mi bisabuela la sacó de ahí y la forzaba, literalmente, a hacer tortillas para la familia. Cuando la obligaron a abandonar sus estudios, mi abuela estaba emocionada de que aprendería a escribir la palabra *Faro,* como la vieja marca de cigarros sin filtro. Dice mi madre que todavía se enoja al contar esta historia. Cuando escuché eso sentí por primera vez una verdadera conexión con mi abuela.

A la larga, mi abuela sí aprendió, por sí sola, a leer y escribir en un nivel básico. Mi abuelo le mandaba cartas cuando era trabajador migrante del Programa Bracero en los Estados Unidos. Mi abuela se cansó de pedirle a la gente que se las leyera, así que decidió que tendría que buscar el modo de aprender.

Woolf tiene razón cuando habla de los numerosos obstáculos para las mujeres escritoras, pero estoy en desacuerdo con su opinión sobre la rabia en nuestra escritura. Según ella, el enojo de una mujer compromete la integridad de su arte. Sin embargo, todas mis escritoras favoritas están, de una u otra forma, furiosas. ¿Y por qué no lo estarían? Y yo, ¿quién sería siquiera sin mi indignación? Yo cuido mi rabia. Le pongo nombre. La estrecho contra mí. Le cepillo el pelo y le canto canciones de cuna.

Cuando fui a París, a los veintidós años, recuerdo haber leído una postal que decía algo así como: "El fuego que me quema es el fuego que me alimenta". No recuerdo de quién o de dónde es la cita, pero esa idea lleva ya quince años acurrucada en mi cerebro.

Vi a Francisco Goya por segunda vez un verano en el Museo de Arte Blanton, en la Universidad de Texas en Austin. Me había encantado su obra desde que vivía en Madrid, pero al estar de pie ante *Naturaleza muerta con dorada* volví a quedar boquiabierta. Me le quedé viendo fijamente con los ojos muy abiertos y me dije en un susurro, como a menudo hago cuando me siento abrumada por la belleza: "Puta madre". Aunque los pescados estaban sin vida, tenían una luz tornasol muy intensa. Sus ojos, muertos y perceptivos a la vez. Esos momentos son espirituales. No creo en Dios como tal, pero sí creo en la trascendencia. En instantes así es cuando me siento más viva, más consciente de la capacidad humana para refulgir.

Reflexioné sobre lo afortunada que era al poder pasar una tarde embobándome con obras de arte en otra ciudad.

Una de las exposiciones de esa temporada se titulaba *Un libro del cielo*, del artista chino Xu Bing. La instalación consistía en textos impresos en forma de pergaminos, libros y paneles en la pared. Las palabras parecían reales, pero eran totalmente imaginadas.

El lenguaje inventado me fascinaba; las palabras me prendaban aunque no significaran nada. No era lo mismo que apreciar una lengua extranjera, porque este texto no guardaba ningún significado ni siquiera para su creador, el artista. Al observar las piezas me preguntaba por mis ancestras, todas las mujeres que vinieron antes de mí, y traté de imaginar cómo habría sido experimentar el mundo sin el don del lenguaje escrito, algo que ha sido tan decisivo para mi supervivencia. Gran parte de mi poder ha dependido de mi manipulación de las palabras. ¿Quién sería sin ellas?

Escribió Bing sobre su instalación: "Toda adulteración de la palabra escrita se traduce en transformación en el núcleo del pensamiento de una persona. ... Mi enfoque está lleno de veneración, aunque mezclado con mofa; al burlarme de la palabra escrita, también la sostengo sobre el altar".

HAY UNA SERIE de televisión que me encanta; es acerca de la vida de Sor Juana Inés de la Cruz, escritora, monja y feminista del México colonial. Está llena de escándalo, dramática a la manera de las telenovelas. Aunque la había estudiado en la universidad, no estaba plenamente consciente de su bravura hasta que empecé a ver ese programa y me picó el gusanito. Luego me puse a investigar sobre ella sin parar. Siempre me han intrigado las mujeres solitarias como ella. En la preparatoria me dio por usar vestidos blancos en homenaje a Emily Dickinson. De Sor Juana me cautivó su amor por el conocimiento, su disposición a comprometerlo todo con tal de poder leer, escribir y maravillarse.

El crimen de Sor Juana fue ser una mujer que cuestionaba, que se negaba a callarse la boca y obedecer, y la cultura colonial en la que vivía la obligó en última instancia a hacer una elección espantosa: o renunciar a sus estudios o ser expulsada de la iglesia. Todavía me pega que haya tenido que disculparse por ser quien era. Al verla observando sus libreros vacíos, me pregunté qué sería la vida sin mis libros. No quiero sonar afectada o romántica, pero —y digo esto literalmente— creo que no sobreviviría.

"Yo, la peor de todas", se lamentaba hacia el final de su vida. Si lo creía en verdad o simplemente estaba dándole a la Iglesia el espectáculo que esta quería, nunca lo sabremos. En el ensayo "Conquista y colonia", Octavio Paz escribe: "La solitaria figura de Sor Juana se aísla más en ese mundo hecho de afirmaciones y negaciones, que ignora el valor de la duda y del examen". Es ese el destino de tantas mujeres: estar permanentemente solas en su misión de pensar fuera de los binarios, deleitarse con los matices y la ambigüedad. Continúa Paz: "Se advierte la melancolía de un espíritu que no logró nunca hacerse perdonar su atrevimiento y su condición de mujer". La genialidad de Sor Juana ya nadie la disputa pero sufrió por ella. Quisiera creer que ella no consideraba que su vida fuera un error. Después de su muerte se descubrió que nunca había dejado de escribir, y aunque esa obra no fue pública en vida, representó su rebelión.

A MIS PADRES les gusta bromear sobre cuál sería mi situación si nunca hubieran cruzado la frontera. Yo también me lo pregunto. ¿Seguiría siendo yo? ¿Me habría adaptado a mi entorno? Quizá no existiría y punto.

Mi mamá sabe cuán desgraciada sería sin acceso a los estudios o sin la libertad de moverme sola por el mundo. Si fuera una versión de quien soy ahora y estuviera atrapada en la tierra natal de mis padres, estaría desesperada hasta lo indecible.

Cuando me quejaba de la falta de hombres con los cuales salir, mi madre decía: "Imagínate si hubieras crecido en el rancho". La imagen de mí como ama de casa con muchos hijos en el México rural le resulta a ella ridícula y divertida a la vez. Bromea mucho con eso.

—Ya hubiera matado a dos o tres cabrones —dijo una vez mi padre, y nos botamos de la risa.

. . .

AL CRECER en una cultura tradicional mexicana, las relaciones sexuales me las pintaban como algo que le hacen a una. Para una mujer era un acto que debía soportar. El único poder que teníamos era decirle a un hombre que sí pero no decirle cuándo, a fin de manipularlo. Nunca se hablaba de placer femenino, nunca había ningún reconocimiento de que éramos agentes activas en el proceso. En la escuela, la educación sexual se limitaba a unas clases de anatomía y tácticas para avergonzarse. A las niñas se les recomendaba mantener las piernas cerradas. Luego a quién le extraña que me haya tomado toda la vida adulta enmendar ese daño, convencerme de que merezco la alegría en todas sus encarnaciones. Esto no es simplemente resultado de mi educación católica, aunque sí tuvo un papel significativo; mucho de eso es más bien producto de mi condición de mujer de color en este país y de lo que se me inculcó que debía esperar del mundo. ¿A qué tenía derecho? ¿Quién era yo para exigir tanto? Seguimos siendo uno de los grupos demográficos peor pagados en los Estados Unidos: ganamos cincuenta y cinco centavos por cada dólar de un hombre blanco. Al acercarme a la mayoría de edad notaba que la mayoría de las representaciones de mujeres de origen latinoamericano en los medios eran muy deshumanizantes; las pintaban dóciles y pobres o hipersexualizadas hasta la caricatura (esto está empezando a cambiar, pero con demasiada lentitud). No había complejidad, ninguna señal de que tuviéramos capacidad de actuar. En muchos contextos, en especial en las relaciones románticas, aprendí a aceptar las sobras.

Pasé el año posterior a mi divorcio convenciéndome no solo de que tenía derecho a las cosas lindas, sino también de que nadie me quitaría las cosas lindas que sí tenía. De niña aprendí que tenía que proteger mis pertenencias. Vivía en un lugar en el que la gente te podía robar los tenis Jordan que traías puestos, así que soy hipervigilante con lo que poseo. La gente que deja sus puertas sin llave me desconcierta muchísimo. Esto ha ido permeando a otros aspectos de mi vida.

Aunque soy muy culta y talentosa, a veces siento un terror persistente de que un buen día me puedan arrebatar todo y quedarme en la indigencia. Todavía tengo la pesadilla recurrente de que de pronto me informan que nunca me gradué de la universidad porque me faltan varios créditos. Por consiguiente, tengo que volver a inscribirme y hacer los trámites necesarios para obtener mi título. En algunos de estos sueños tengo que regresar a la preparatoria. De alguna manera se me olvida que debo ir a clases y repruebo el semestre. Siempre me despierto sobresaltada y aliviada.

Creo que esto apunta a una ansiedad que va más allá del síndrome del impostor. No es que me crea una farsante o piense que no me merezco lo que tengo: es que pongo en duda si una persona como yo tendrá permitido vivir de la manera que elija. Siempre supe que tenía algo especial, una parte que quería presentarle al mundo, pero temía que el mundo no la viera o le tuviera sin cuidado.

El año que viví en España pasé varios días sola en París. Caminé por las orillas del Sena, completamente desorientada, una hermosa tarde. Era primavera, y aunque nunca había tenido alergias, algo en el aire había provocado que los ojos me lloraran sin parar durante toda mi estancia. Me la pasaba secándomelos con el dorso de la mano, esperando que nadie creyera que iba llorando por la calle.

Al observar el río y la arquitectura gótica, de repente caí en la cuenta de que había llegado por mis propios medios a París. Estaba sola en un país diferente, algo con lo que siempre soñé de niña. Entonces empezó el verdadero llanto. Estaba tan desbordada con la súbita conciencia de ese hecho que por primera vez en la vida lloré lágrimas de felicidad.

DESPUÉS DE DEJAR A MI ESPOSO tuve varias citas terribles con otros hombres. La mayoría de ellos no pasaban de la primera salida porque estaba segura de lo que no quería. Una vez me fui antes de que llegáramos siquiera al restaurante porque me dijo que vivía con su mamá y que su ex novia estaba tratando de volver con él. Le dije que me llevara de inmediato a mi casa. Al cabo de un año de usar apps de citas, las había eliminado por completo. No creía encontrar al amor de mi vida a golpe de deslizar el dedo a la derecha. Unas semanas después volví a descargar Tinder, pues me sentía sola y conocer pretendientes cuando pasas de los treinta es complicado.

Como escritora, siempre me he preocupado por vivir buenas historias. No me gustaba la idea de que alguien me preguntara cómo conocí a mi cónyuge y tener que reconocer que nuestro casamentereo había sido el internet. No me parecía que fuera una historia sexi. Todo el año fantaseé sobre cómo podría ser un gran primer encuentro: enamorarme de un hermoso desconocido en una librería o biblioteca, un tren o un avión. Curioseando por la sección de crítica cultural, nuestras miradas se encontrarían. Uno de nosotros haría una broma y luego pasaríamos la tarde hablando de raza y género con muchas tazas de café mediante. Alguna pendejada así.

Conocí en Tinder a un hombre supuestamente guapo y una tarde acepté salir con él a tomar una copa en un bar hipster con sillones de vinil y poco iluminado. Para entonces ya había entendido que tenía que bajarle a mis expectativas pero no a mis estándares. Muchas veces antes había sido engañada por fotos en las que se veían más guapos o estaban más jóvenes de lo que en realidad eran. Mi consabida excusa para irme antes si el tipo no me latía era: tengo que acostarme temprano porque se avecina la fecha para entregar un texto. Por supuesto que no era cierto, eso nadie se lo creía, pero había tenido tantísimas citas que ya no me importaba. Era eficiente y no quería perder mi tiempo ni el de nadie más.

Pues resulta que no necesité mi excusa sobre el plazo de entrega. Mi cita era un hombre alto y guapo, mucho más atractivo en persona que en sus fotos. Me hizo reír y me gustó su manera de mirarme, como si yo fuera la única persona en el salón.

—Apuesto a que muchos hombres le tienen miedo a tu fuerte personalidad —dijo.

—Sí, tal cual —asentí.

—Pues a mí me gusta —dijo sonriente.

Aunque no me quedé prendada, terminamos la noche en unos tacos, y los tacos para mí siempre son un buen augurio, un signo prometedor. Nos besamos un poco y planeamos volver a vernos.

Salimos unas cuantas veces más y yo poco después caí en una racha de depresión y perdí el interés en él… y en todo lo demás, si a esas vamos. Me sentía como una voluta de persona. Una noche le llamé y le expliqué que estaba batallando con mi salud mental y no creía tener nada que dar en ese momento. No esperaba llorar, pero al decirlo se me quebró la voz y me acometieron las lágrimas. Su voz era tranquila y podía percibir su desilusión, pero dijo entender y deseó que me fuera bien. Estuve llorando en el sillón hasta muchas horas después.

Creo que había un sinnúmero de motivos para esa depresión, toda una tormenta de mierda que me hacía querer hacerme bolita y desaparecer en mí misma. Esto fue inmediatamente después de la elección presidencial de 2016; había perdido mi esperanza en la humanidad. Me parecía que ya nada tenía sentido. ¿En qué clase de mundo tendría que vivir ahora? ¿Cómo podía ser tan ingenua que no vi eso venir? No entendía nada de nada y leía las noticias en un estado de horror. Todas las mañanas me despertaba esperando que fuera una pesadilla.

Aquello también fue inmediatamente después del día de Acción de Gracias, y siempre la paso mal con la oscuridad, el frío y las fiestas. La temporada navideña me pone melancólica. La música alegre y el consumismo me resultan insufribles.

Era exactamente un año después de haber dejado a mi esposo, y el año anterior a eso, 2014, había tenido otro acceso de depresión tan severo que había contemplado el suicidio. Pensaba mucho en mis relaciones fallidas y me daba cuenta de que nunca me habían amado como lo necesitaba. Quizá tenía yo algo mal de nacimiento. Los hombres de mi vida siempre me decepcionaban. Todo el año había cifrado mis esperanzas en un viejo compañero de trabajo, un hombre que estaba literalmente muriéndose de una enfermedad pulmonar incurable y explícitamente me había dicho que no quería estar conmigo. Eso no era ingenuidad: era masoquismo.

Mi tristeza me espantó, así que hice cambios que, vistos ahora, simplificaron mi vida en sentidos profundos. Dejé de beber alcohol, porque mis crudas siempre eran brutales y me dejaban desesperanzada e inservible. Aunque nunca me había considerado alcohólica y había reducido mi consumo en los últimos años, sabía que era un problema y entendía que había reproducido esa misma dinámica en otros aspectos de mi vida. Me quedaba en relaciones que sabía que eran destructivas, insanas y violentas, con la esperanza de que algo cambiara mágicamente. Era como atracarme de veneno y suponer que no moriría.

Empecé a nadar para potenciar mi energía y relajar mis crispados nervios. Algo tenía de terapéutico estar en el agua, y me empecé a sentir más fuerte tanto física como mentalmente. Estaba decidida a salir de ese hoyo como fuera y con cualquier método a mi alcance. Ahondé en mi práctica budista y canté con más convicción. Había ocasiones en que a duras penas podía recitar el mantra porque los sollozos no me dejaban. Una tarde, practicando mis cantos, tuve una epifanía de algo que toda la vida se me había escapado. Siempre había suspirado por que alguien reparara en mí y viera lo extraordinaria que soy, pero ¿yo misma en verdad creía serlo?

En esos días, Marcus, el guapo de Tinder, llamaba para saber cómo estaba y preguntarme qué estaba haciendo. En Navidad me mandó un mensaje con una graciosa foto suya de bebé y me preguntó si no iba a hacer nada en Año Nuevo. No le hice caso y le di alguna respuesta lacónica. Aunque no me interesaba en plan romántico, no quería descartarlo como a todos los otros hombres con que había salido. Él decía que quería conocerme, aunque fuera como amiga, porque pensaba que era una persona maravillosa. Parecía sincero, así que acepté volver a cenar con él una noche. ¿Un hombre interesado en mí como ser humano? Eso era muy fuera de lo común.

Atontada por la depresión, había olvidado que era atractivo, pero ese hecho tan evidente me cayó de golpe al caminar hacia él. Otra vez me hizo reír y otra vez se deshizo en elogios hacia mí, sin que nada de eso se sintiera falso o premeditado. De todas formas le reiteré que no quería una relación romántica —aún me sentía frágil—, y aunque volvió a desilusionarse, aceptó que fuéramos amigos.

Unos días después Marcus vino a mi departamenteo a ver un especial de *stand-up* que pensó que podía gustarme. Tenía razón: la manera como Paul Mooney humilla a la gente blanca me hizo doblarme de la risa. Aplaudí y pataleé. Asentí vigorosamente con la cabeza. Las bromas eran el bálsamo que necesitaba en ese momento de mi vida y de la historia.

Cuando Marcus me dio un abrazo de despedida se sintió bien ser deseada. Nos besamos unos instantes, pero me sentí incómoda, así que lo acompañé a la puerta.

—Hora de que te vayas —le dije riendo, pero era completamente en serio.

Después de eso empezamos a salir. Tras un año de soltería, él parecía la mejor opción para mí. Aunque definitivamente mi depresión había sido un factor importante en mi ruptura con Marcus unos meses antes, tampoco podía imaginarme con él. Algo en él no me cuadraba del todo, aunque no podía expresar qué. Me entró el gusanito de la duda. Sé que suena raro, pero no me gustaba su olor. En lugar de seguir mi instinto inicial, me convencí de que era eso lo que había estado buscando.

Todo el año había tenido dificultades para alcanzar el orgasmo. Había tenido algunos unos meses antes con el hombre moribundo, pero eso tuvo un precio. Cada vez que lo veía caía en un ciclo de deseo y rechazo. Lo quería, pero él sólo quería partes de mí. Sabía que no estaba dispuesto a comprometerse ni siquiera con la posibilidad de una relación, pues lo había dicho con todas sus letras, pero una vez más seguí atiborrándome de veneno como si fuera pastel.

Había ocasiones en que pensaba que podía estar físicamente rota. Antes de mi matrimonio tenía orgasmos con facilidad. En la preparatoria, todo lo que necesitaba era frotarme contra un muchacho mientras nos toqueteábamos y, ¡pum!, mi ropa interior quedaba empapada. ¿Entonces por qué, ahora que era una mujer adulta en la supuesta cima de su sexualidad, me costaba tanto? Para entonces había leído ya dos veces el libro *Vagina* de Naomi Wolf, y había aprendido todo sobre la ciencia, la historia y la psicología de mi propia vagina. Estaba empoderada de conocimiento: mi vagina era chingadamente mágica. Además yo siempre podía venirme cuando estaba sola, así que evidentemente no era un problema físico. ¿Sería que los hombres a los que había elegido eran malísimos amantes?

Aunque la duda siempre estaba ahí, acechante, disfrutaba la atención que Marcus le prodigaba a mi cuerpo. Su lengua era diestra y después del coito los músculos se me relajaban. Nunca en la vida había tenido una vida sexual tan gozosa. Había literalmente rezado por eso un año entero. Hasta había puesto la figurita de madera de una vulva en mi altar y cantaba para encontrar amor y experimentar el placer. Una noche tuve un orgasmo tan profundo que todo mi cuerpo tembló.

Sin embargo, no era que yo hubiera sucumbido de amor o emoción por Marcus. Yo seguía teniendo cierto escepticismo frente a él. Era que me había dado permiso de escapar de la vergüenza y las inhibiciones que había interiorizado desde niña. El placer era sencillo y primario, como si un nudo que hubiera estado tratando de deshacer desde el principio de los tiempos se hubiera aflojado de repente. Había estado esperando muchísimo tiempo para disfrutar mi cuerpo y el alivio era impactante.

Entendí que el placer sin complicaciones era para mí una posibilidad.

Fue el único momento de mi vida que me olvidé de mi misma, y me pregunté si era eso lo que significaba ser libre.

UN SOL DIFÍCIL

Muchos de mis sueños de infancia se hicieron realidad a mis treinta y pocos. Después de años de trabajo duro y de una serie de trabajos de mierda, todas las partes de mi vida empezaron a unirse. Yo siempre había sido ambiciosa, pero era dolorosamente consciente de que era muy poco probable que pudiera ganarme la vida con la escritura, ya no se diga ser reconocida o festejada en alguna medida por ella, cuando en eso, de repente, estaba ocurriendo.

En agosto de 2017 me mudé a Princeton, Nueva Jersey, para mi primera chamba de verdad como maestra. Había obtenido la beca Princeton Arts después de un intimidatorio proceso de solicitud, que incluía varias entrevistas en persona y una fiesta con los demás finalistas. Varios cientos de personas se habían postulado y yo fui una de las tres elegidas. Me sentía como si hubiera ganado los Juegos del Hambre. Por primera vez en la vida tenía ganas de ir al trabajo. No voy a mentir: era precioso ser una persona morena dando clases en una de las prestigiosas universidades de la Ivy League. No porque creyera en esas ideas de superioridad, sino porque había invadido un espacio tradicionalmente blanco y yo quería armar un pinche desmadre.

Ese fue también el año en que mis dos libros se publicaron y fueron aclamados por la crítica. Había estado trabajando en mi recopilación de poemas, *Lessons on Expulsion,* por casi una década, y mi primera novela, *Yo no soy tu perfecta hija mexicana,* fue la culminación del trabajo de aproximadamente cinco años.

La novela se convirtió en un éxito de ventas instantáneo del *New York Times* y finalista del National Book Award antes de haber siquiera salido. No esperaba que ambos libros se publicaran más o menos al mismo tiempo, pero así es como pasó. Varias veces me pregunté si de verdad se trataba de mi vida.

La ceremonia de entrega de los National Book Awards fue para mí como un cuento de hadas. Amigos, gente enterada y colegas se referían a ellos como "los Óscares del mundo literario", lo que resultó ser una descripción bastante exacta. Nunca había ido a un acto tan elegante. Tuvo lugar en Manhattan, y la recepción fue estupenda en lo visual, pero además habían asistido varios de mis héroes literarios. Hay muchísimas fotos conmigo sonriendo esa noche en la carpeta roja. Fui con un vestido caro y ostentoso azul real que me formaba una silueta de sirena, y a pesar de que no gané, fue, sin lugar a dudas, una de las mejores noches de mi vida. Mis libros habían salido al mundo y estaban siendo reconocidos como algo que valía la pena. Irreal.

En esa época me tocó viajar por todo el país para promover los libros en lecturas en voz alta, festivales literarios y visitas escolares. Con frecuencia me despertaba sin saber en qué ciudad me encontraba. Estaba agotada pero también sumamente satisfecha y emocionada con mi vida. Estaba haciendo lo que siempre había deseado.

Todo estaba cuajando, hasta mi vida romántica. Después de mi matrimonio fallido y muchas fugaces relaciones sin futuro, tenía una pareja que me amaba y apoyaba mi carrera. Esta dinámica me resultaba extraña porque mis anteriores parejas y pretendientes, cuando de mis aspiraciones y mi éxito se trataba, lo que sentían era resentimiento o miedo. Mi relación con Marcus era muy diferente de cualquier cosa que hubiera vivido antes. No era el hombre de mis sueños (fuera de lo guapo que era, no tenía mucho que ofrecer), pero me hacía sentir vista y deseada. Disfrutaba mi personalidad asertiva, le gustaba que yo fuera una especie de complicación estimulante para él. Pensaba que era divertida, brillante y hermosa, y me lo decía muy seguido. Nos amábamos, y aunque no estábamos comprometidos, hablábamos vagamente de casarnos y tener hijos.

Pensaba que me había convertido en la persona que estaba destinada a ser.

CON MI NUEVA BECA llegó una nueva psiquiatra, la doctora Petrov, y con ella un nuevo diagnóstico. Llevaba como seis meses en Princeton cuando me dijo que era bipolar II. Por años yo había creído que mi depresión era la del tipo aburrido, pero la doctora Petrov, después de hacerme una interminable lista de preguntas, determinó que no: que la mía era la del tipo divertido. Creía que, si tenía depresión, no había manera de que yo hubiera sido tan productiva. El trastorno bipolar era la única explicación. Yo estaba aterrada. ¿Cómo era posible? ¿Por qué nadie me lo había planteado?

Desde los quince años (cuando me hospitalizaron por primera vez) había ido con muchísimos doctores y nunca ninguno había dicho que fuera al menos una posibilidad. Mientras más pensaba en eso, sin embargo, más sentido le encontraba. Aunque nunca había tenido un episodio de manía en toda regla (como salir a gastar dinero a lo loco, grandes orgías, creer que yo era Jesucristo o alguna madre por el estilo), con frecuencia me he sentido frenética, con demasiadas ideas agolpándose en mi cabeza. Expansiva. Ilimitada. Me pasa mucho cuando escribo: me pongo tan frenética que no puedo sentarme. Me quedo sin aliento. Me distraigo fácilmente. Camino de arriba abajo y hablo sola. A veces me tomo una siesta para aquietar la mente.

Siempre he tenido cambios extremos de estado de ánimo, algo que a mi pobre familia le frustra hasta decir basta. De niña era totalmente impredecible: de pronto estaba bien y al rato… pues ya no. Era consciente de ser insoportable pero no podía evitarlo. Hiciera lo que hiciera y por más que intentara razonar conmigo misma, mis emociones me superaban.

Yo era experta en quejarme y en el deporte del llanto nadie me ganaba. Recuerdo una vez que mis hermanos y yo visitamos a unos parientes en Los Ángeles. Fuimos a Sea World y vimos el espectáculo de ballenas desde unos asientos al fondo, pero yo me quería sentar hasta adelante para sentir a Shamú, esa pobre criatura cautiva, y cuando eso no se pudo mi decepción fue tal que me pasé horas desgañitándome. En lugar de sentirme agradecida por haber ido —éramos pobres y esas vacaciones representaban para mis padres un gran sacrificio—, una cosa aparentemente muy menor me tenía consternada. Se entiende que mis padres a veces no me soportaran.

Después de todos estos años, resultó que lo que todo mundo, hasta yo, pensaba que era un carácter temperamental, no era sino trastorno bipolar. Debido al nuevo diagnóstico, la doctora Petrov decidió quitarme el Prozac, el único medicamento que me había servido de algo. Debía tomar mejor aripiprazol, un antipsicótico que se usa para tratar tanto el trastorno bipolar como la esquizofrenia. Estaba funcionando bien en ese momento de mi vida y había ido a la psiquiatra solo para una revisión. Aunque estaba un poco reticente, no me iba a poner a cuestionar a la experta. Acepté el nuevo medicamento y empecé a reducir la dosis de Prozac.

Me puse a leer sobre desorden bipolar y volví a sacar del librero *Marcados con fuego. La enfermedad maniaco-depresiva y el temperamento artístico,* de Kay Redfield Jamison, una de las más destacadas autoridades sobre el tema. Había leído su primer libro, *Una mente inquieta,* por recomendación de mi terapeuta durante mi depresión de 2014. Me sentí identificada en un plano profundo y empecé a leer sus otros libros. Como artista, en esa época *Marcados con fuego* me pareció fascinante, aunque no me planteé que también yo pudiera ser bipolar.

Me enteré de que algunos de mis escritores y escritoras preferidos, como Virginia Woolf, Mark Twain y Edgar Allan Poe, probablemente habían padecido la enfermedad. Jamison sostiene que escritores y artistas presentan un índice desproporcionado de depresión y trastorno bipolar, algo que mi experiencia parecía confirmar. Uno de los pasajes que más me impactaron explicaba cómo los artistas están más acompasados al "ritmo de la vida" y del mundo natural. Podemos deleitarnos con la condición intermedia, digamos, de las cosas —los bordes, las fronteras, los filos de la naturaleza—, entender los estados opuestos y encontrar relaciones insólitas entre las cosas. Muchas cosas empezaron a cuajar en mi mente. Mi obsesión con la penumbra, las fronteras y la trascendencia parecían tener una explicación. Escribir poesía para darles forma a mis eternas preguntas era casi una conclusión lógica.

MARCUS VINO A visitarme a Princeton en febrero. Todavía no se venía a vivir conmigo, como habíamos planeado, pero había renunciado a su trabajo y estaba en el proceso de trasladarse. Empezaba a hartarme el hecho de que no tuviera un plan de mudarse o de conseguir chamba. Le tenía rencor porque, mientras que yo trabajaba muy arduamente, él se limitaba a hacer un poco de esto y de aquello. Ya no me atraía, pues no hacía más que ir al gimnasio y estar sentado todo el santo día haciendo vete tú a saber qué chingados en su laptop. Le pedí que se fuera, pero me retracté camino al aeropuerto por sus arengas. Después de unas semanas tormentosas entre nosotros, regresó a Chicago y yo asistí a un festival literario en la Ciudad de México. Cuando volví a Nueva Jersey fui con mi médica para una revisión de rutina. Mi menstruación estaba retrasada, algo que no me preocupó mayormente porque llevaba varios meses siendo irregular. Por cuestiones de protocolo, hicieron una prueba de embarazo.

Unos minutos después la enfermera regresó sonriente a la sala de exámenes y me felicitó. Yo, que había pasado toda la vida adulta evitando embarazarme, por un instante pensé que quería decir: *Felicidades, no estás embarazada.* Enseguida vi que no era así. Debió dar por sentado que a mi edad eran buenas noticias.

Y quizá lo eran. O podrían haber sido. Aunque no estaba planeado, tenía que reconocer que había sido algo descuidada con los anticonceptivos, además de que sabía que en algún momento sí querría tener hijos. Después de todo, tenía treinta y tantos años, pareja y carrera. ¿Por qué no habría de hacerlo?

Inmediatamente llamé a Marcus y le di las noticias:

—¿Viste que he subido un poco de peso? ¡Es porque estoy embarazada! —dije riendo—. ¿Lo puedes creer?

Marcus no compartió mi entusiasmo.

—¿Es en serio? ¡Santo Dios! —dijo, y se quedó callado varios segundos—. Te dije que tomaras la píldora del día siguiente.

Mi alegría se fue desinflando lentamente.

—Sé que no lo planeamos, pero ¿no te emociona?

—No sé qué sentir.

MARCUS REGRESÓ a Nueva Jersey para que tomáramos juntos una decisión. Pensamos en nuestras opciones, en cómo íbamos a hacerle para que todo funcionara. Él estaba preocupado porque su carrera no había llegado al lugar que él quería. Al sentir que su último trabajo, un cargo administrativo en un hospital, era de baja categoría, había renunciado. Quería volver a la universidad y estudiar Neurociencias, aunque no había hecho nada para conseguirlo. Tenía treinta y un años, una licenciatura y una carrera que no terminaba de arrancar. Hasta ese momento, lo que tenían en común sus distintos trabajos es que ninguno tenía relación con el anterior y no tendría ninguna relación con el que fuera a venir después. Era un hombre sin un solo plan en la vida.

La falta de rumbo y de ambición de Marcus me había puesto nerviosa desde el principio de nuestra relación, sobre todo desde que mi carrera tomó vuelo, pero sentía que tenía potencial y que eso era ya suficiente motivo para que todo saliera bien. No quería que dependiera financieramente de mí y me preocupaba que pudiera llegar a resentir mi éxito. Por lo general, la falta de una carrera era suficiente para que yo perdiera el interés. Había trabajado demasiado como para sentar cabeza con un hombre que aún no se responsabilizaba de su vida. Pero no era nada más eso. Su departamento era un basurero. Me avergüenza mucho reconocer que el tipo dormía en un colchón en el suelo y casi nunca compraba comestibles. Pero si para algo soy buena es para reprimir mi preocupación por los defectos de mi pareja romántica. Los acallo con el aturdimiento que la embriaga a una cuando se enamora.

La aprensión de Marcus me inquietaba. Sí, los dos estábamos en nuestros treintas, pero a lo mejor sí era un mal momento. Conversamos sobre nuestro futuro una y otra vez: nuestras respectivas situaciones domésticas, nuestras carreras, el dinero. Les conté sólo a unas cuantas amigas y decidí esperar antes de decírselo a mi familia.

Unas semanas después, Marcus empezó a acusarme de tratar de atraparlo. Le parecía que la situación era culpa mía. Habíamos tenido relaciones sexuales sin protección, pero eso era una decisión mutua, y al día siguiente había decidido no tomar la píldora del día después. Yo muy estúpidamente creí que todo saldría bien, que si me embarazaba buscaríamos cómo salir adelante. Pensaba que estábamos juntos en eso. Confié en algo que no existía. Aunque sabía que sería una dura prueba, deseaba a ese hijo o hija. *¿Acaso no es cierto que la mayoría de los embarazos son no planeados?*, pensaba. *¿No que* *la gente se las arregla para salir adelante?* Mis padres habían logrado criarnos a los tres con sus sueldos de obreros, y yo, mujer adulta que daba clases en una universidad de la Ivy League, estaba aterrorizada de tener un bebé.

De repente todo estaba mal. Y con todo, haciendo un balance de mis emociones, me di cuenta de que me había estado sintiendo mal incluso antes de darle a Marcus la noticia de mi embarazo. No entendía nada. Me iba sintiendo cada vez peor. Pensé vagamente en mi cambio de medicamento. Era evidente que las nuevas pastillas no estaban sirviendo, pero estaba tan abrumada y confundida que ni se me ocurrió pedirle a la doctora que me volviera a cambiar de medicamento. A lo mejor era cuestión de tiempo para que las nuevas medicinas empezaran a hacer efecto, concluí. Lloraba todo el tiempo, y di por sentado que era algo en parte hormonal; después de todo, algo estaba creciendo dentro de mí. ¿Cómo podía ser mi yo normal? Pero también pensaba que esa debía ser una de las mejores épocas de mi vida.

Seguía haciendo viajes de trabajo, pero difícilmente podía organizarme; era un desastre ambulante. Visitaba escuelas y alentaba a los adolescentes a ser fieles a sí mismos y a perseguir sus sueños mientras yo misma me encontraba al borde de un colapso hecho y derecho. A duras penas y con lágrimas en los ojos daba estas presentaciones, convencida de ser una impostora: yo no era la fuerte escritora feminista que pensaban. Qué fraude.

Marcus era la única persona que sabía lo serio que era. Yo no sabía qué hacer. *¿Debo seguir adelante con este embarazo a pesar de estarme volviendo loca?,* me preguntaba. En los aeropuertos lloraba detrás de los lentes oscuros, esperando que nadie se diera cuenta. En los cuartos de hotel sollozaba. Vagabundeaba por las ciudades presa del pánico. Tenía el cuerpo tenso de tanta ansiedad, como un reloj al que se le hubiera dado cuerda hasta el tope. Un día, en el coche camino a mi departamento en Nueva Jersey, solté un gemido tan fuerte y primitivo que me aterrorizó. Mi cuerpo nunca había hecho un ruido así. Muchas veces había padecido depresión, pero eso era distinto. La desesperación era más fuerte que nada que hubiera yo conocido, tan inconcebible que incluso ahora, mientras escribo esto, me pongo nerviosa.

A pesar de mis deseos de suicidarme, seguí dando clases. Una vez a la semana daba a mis estudiantes clases sobre literatura juvenil. Hablaba de la mecánica narrativa en historias multiculturales sobre el paso a la edad adulta haciendo como si todo estuviera de pelos, porque de ninguna manera pensaba mandar la beca a la chingada. Yo era una muchacha de Cícero que había llegado a Princeton. Ponía todo de mi parte para ser una profesora digna de esos jóvenes brillantes. Supongo que mi ética de trabajo mexicana era más fuerte que mi enfermedad. Si mi madre y mi padre podían trabajar todos los días en una fábrica, yo podía dar una clase.

Además de mis preocupaciones existentes, empecé a obsesionarme con mis medicamentos. Sabía que el Prozac, a pesar de haber estado tanto tiempo en el mercado, había sido ampliamente estudiado y era relativamente seguro en el embarazo, pero no tenía idea de si también lo era el aripiprazol. Por lo que pude deducir investigando en internet, no se sabía si podía provocar daños fetales, y debía emplearse únicamente si los posibles beneficios superaban a los posibles riesgos. Todos los sitios web decían: "Consulte a su médico".

Le pregunté una y otra vez a mi psiquiatra si estaba bien tomar aripiprazol. Insistía en que sí, y que estaba bien, pero no me convencía. Le dije que estaba pensando en abortar y sacudió la cabeza. Con su marcado acento ruso respondió: "El aborto siempre es malo". No sabía que un médico tuviera permitido decir eso, pero no la cuestioné. En mi triste y apabullado estado, simplemente asentí y me fui. No sabía qué esperaba oír de esta doctora que, cuando le dije que andaba baja de deseo sexual, me recomendó que me quedara tendida y me dejara hacer, porque los egos de los hombres son frágiles.

¿Y si se equivocaba y el medicamento sí afectaba al feto? ¿Y si causaba anomalías congénitas? ¿Y si mi hija tenía una vida horrible llena de dolor y todo era por mi culpa? Me estaba costando mucho decidir si abortaba o no. Marcus decía que la decisión era mía, pero quería estar absolutamente segura y tenía sentimientos encontrados.

Saqué una cita en Planned Parenthood, organización dedicada a la salud reproductiva. No sabía si podía sobrevivir a un embarazo, así que el aborto parecía la mejor decisión… y la única. Estaba desmoronándome en absolutamente todos los aspectos; me sentía colgando de un hilo. Hacía todo lo posible por comer, pero me costaba trabajo, y sabía que lo que lograra comer no iba a ser suficiente, ni de lejos, para nutrir a un bebé. Dormía mucho y lloré tanto que pensé que me iba a quedar sin lágrimas. Un día estaba tan ansiosa y distraída que le pegué a la defensa de un coche. Por suerte no le pasó nada y el conductor lo dejó pasar, pero a mí me sobresaltó. Sabía que no podía seguir así.

Fui a la clínica manejando porque no se me ocurría nadie que me pudiera llevar. No tenía muchos amigos en Nueva Jersey. Jen, mi mejor amiga, vivía en Staten Island, como a cuarenta y cinco minutos de ahí, pero no quería molestarla. Tenía otras amistades en Brooklyn y Manhattan pero ni siquiera me pasó por la cabeza buscarlas para eso. Siempre había sido demasiado orgullosa para pedir ayuda; es uno de mis peores defectos. Podría estar muriéndome de sed en pleno desierto y me daría mucha pena pedir un traguito de agua. Le mandé a Jen un texto para decirle que estaba en la sala de espera de Planned Parenthood. Le ofendió que no le hubiera contado antes y ofreció ir para allá en ese instante.

Saliendo del ultrasonido me senté en la sala de exámenes. De pronto sentí una esperanza latiendo dentro de mí. *Yo puedo,* dije para mis adentros. A pesar del caos que estaba atravesando, quería a la bebé. Le dije a la enfermera que había decidido no seguir adelante. Me preguntó si quería la imagen del ultrasonido y le dije que sí. En la recepción me hicieron un reembolso y regresé a casa un poco aliviada. Puse el perfil borroso de mi futuro hijo en mi altar.

El alivio, sin embargo, no duró mucho. Inmediatamente después de eso empeoró mi depresión. Aunque había decidido continuar con el embarazo, no había resuelto cómo arreglar mi cerebro. No había un momento que no se sintiera como penitencia. Todo lo que quería era dormir y desaparecer. Seguí con la enseñanza y los viajes. Reunía todas mis fuerzas para llegar al final de una clase o un debate y en cuanto terminaba volvía a mi casa o al hotel y me desmoronaba. Hacía todo lo posible porque, a pesar de mi estado lamentable, parte de mí seguía valorando mi trabajo, y a eso me aferré.

Hice cita con una gineco-obstetra para sacar un ultrasonido. Tenía más de dos meses de embarazo. No le hablé a la doctora de mi depresión. *Ya pasará,* decía para mis adentros. *Vas a salir de esta.* Nunca había hecho tantos esfuerzos por aparentar estar bien. Mi negativa a aceptar el estado de mi salud mental era extraordinaria. No sé por qué, pero ni siquiera le hablé de mi nuevo medicamento. Gran parte de esa época está borrosa, algo que más adelante supe que se debía a la depresión. La mente a veces borra el dolor, porque recordarlo es demasiado. Debería estar agradecida. A veces quisiera que borrara gente y meses y años enteros.

Pero nunca olvidaré la imagen en la pantalla. La vi moverse. *Es mi bebé,* pensé al ver a la pequeña criatura nebulosa. *Es mía; existe.*

Siempre di por sentado que era una "ella". Pensaba que mi cuerpo trataba de decirme algo. Planeaba ponerle Clara, por mi abuela paterna, una de mis personas favoritas del mundo. A veces le hablaba y le decía que todo iba a estar bien. Puse la nueva imagen del ultrasonido en el refrigerador.

Con frecuencia pensaba en suicidarme Era una manera de resolver todos mis problemas, acabar conmigo y con el embarazo. Sería buenísimo para la venta de mis libros, bromeaba conmigo misma. *Joven escritora latina se suicida. Su novela regresa a la lista de superventas del New York Times.* Sin embargo, por supuesto que pensaba en Marcus y en mi familia. ¿Cómo podría hacerles eso? ¿Qué clase de persona sería? Mi mamá nunca se recobraría del golpe, de eso estaba segura. Al escapar de una vida que ya no podía soportar, estaría destruyendo varias otras. En algunos sentidos, lo que me mantuvo viva fue la culpa.

Una noche hablé por teléfono con Marcus y me solté a llorar. Le dije que no sabía cómo iba a sobrevivir a eso. En parte era mi salud mental, pero también sabía que no contaba con su apoyo. Ni una sola vez me había dicho que quería a esa bebé. Dijo que se preocupaba por mí y sugirió que abortara. Le dije que era demasiado tarde. Para entonces ya tenía tres meses de embarazo y sabía que podía hacerse desde un punto de vista médico, pero desde el punto de vista emocional, ¿cómo sobreviviría a eso?

—No estás mejorando, y se está volviendo una situación de vida o muerte.

Ofreció tomar un avión esa misma noche. Le dije que no, aunque estuve de acuerdo en sacar una cita.

PENSÉ QUE ERA una buena clínica porque se llamaba Servicios para la Mujer de Princeton. Como dijo mi amiga en son de broma más adelante, yo pensé que iba a tener un "aborto Ivy League".

La clínica, lejos de ser prestigiosa, era vieja, y la sala de espera estaba llena de parejas alicaídas. Una madre tranquilizaba a su hija, acompañada de su novio, diciéndole que la intervención no era mayor cosa. La joven llevaba unas pantuflas mullidas, y su grupo de tres estaba curiosamente tranquilo. Yo era la única mujer sola en la sala.

Mi doctor era un hombre viejo, probablemente de setenta y tantos años. Ni siquiera recuerdo su nombre. Lo que sí recuerdo es que tenía manchada la camisa y que en algún momento, mientras una paciente y yo esperábamos en otra zona, lo vimos quedarse dormido en una silla en el consultorio que estaba frente a nosotras. Soy gran partidaria de las siestas, pero aquello parecía francamente extraño. La clínica no me daba una buena impresión; deseé haber vuelto a Planned Parenthood, pero tenían la agenda de citas llena por varias semanas y yo necesitaba hacer eso lo más pronto posible.

El doctor me preguntó cuántos años tenía. Cuando le dije que treinta y cuatro, me preguntó si estaba segura de abortar y me dijo que era buen momento para tener un bebé. *Sí, es un gran momento para tener un bebé si no estás contemplando el suicidio,* pensé. No había manera de comunicarle a ese hombre que nunca en la vida me había sentido tan mal y que si no abortaba, posiblemente acabara por suicidarme en verdad. No solo eso, sino que ya me había tomado una pastilla para que el cérvix se me contrajera y la idea de preocuparme por el riesgo de que otro medicamento pudiera hacerle daño al feto era demasiado para mí. Únicamente quería salir de eso.

Como había ido manejando a la clínica, no podían sedarme (eso lo supe en mi cita de Planned Parenthood), pero aun si no hubiera ido manejando, en el mostrador de recepción un letrero decía que no ofrecían esa posibilidad, algo que a mí me alarmó.

Estuve plenamente consciente a lo largo de toda la intervención. Ni siquiera me dieron Xanax ni nada parecido. Si lo hubiera pensado bien, habría sacado algunos viejos ansiolíticos de abajo del lavabo. No sé cómo describir el dolor. He sido escritora la mayor parte de la vida y aquí no hallo palabras. Nunca podré expresar cómo se siente que te quiten una parte de ti. Una parte a la que amabas y le pusiste un nombre.

Aunque me puse los audífonos, podía oír la máquina. No recuerdo qué canciones puse, sólo que las puse a alto volumen. ¿Qué clase de música sería apropiada para la ocasión? Cuando terminó, vi el recipiente de vidrio con los restos. Me enojó que fueran tan descuidados y lo dejaran donde yo podía verlo, y cuando se lo señalé a la enfermera pareció avergonzarse y lo tapó con una toalla de papel. Ya era demasiado tarde: la imagen se había quedado marcada en mi memoria.

En la casa no tenía nada que comer, pues ir a la tienda en esa época de mi vida era un acto heroico (subsistía sobre todo a base de cereal), así que en el camino de regreso paré en un restaurante de comida rápida por una hamburguesa. Les mandé un mensajito a las personas que sabían de mi cita para decirles que estaba bien. Fue el almuerzo más triste de la historia.

Cuando le cuento a la gente esta parte se me quedan viendo incrédulos y boquiabiertos.

Esa tarde di mi clase de literatura.

TODA LA VIDA estaré a favor de la posibilidad de elegir. Quizá una manera más precisa de decirlo sea que creo en la libertad y la justicia reproductiva. Creo que todo mundo tiene derecho a la autonomía corporal y merece una asistencia médica integral. Los abortos deben ser seguros y accesibles, y si las mujeres deciden tener hijos deben poder criarlos en un ambiente sano y seguro.

Sin embargo, nunca pretenderé que mi aborto fue fácil. Fue, sin lugar a dudas, la peor experiencia de mi vida. Con todo, si pudiera regresar el tiempo y empezar de nuevo, definitivamente lo haría. Creo que me salvó la vida. Sin embargo, sí me habría gustado tener un aborto Ivy League: *summa cum laude* y Phi Betha Kappa. Que me trataran a cuerpo de reina. Esa clínica era un lugar de mala muerte.

Entre las progresistas no se oye hablar mucho del difícil periodo que viene tras un aborto. Sospecho que en parte es por miedo de avivar sentimientos contrarios a la libertad de elección. Esa gente "provida" está loca de remate y entiendo perfectamente que no se quiera echar leña a su fuego. Padezco una enfermedad mental y no tengo ningún reparo en llamar loca a esta gente. Chiflados, desquiciados. Los he visto con mis propios ojos y su histeria me horroriza. Pero creo que las que hemos pasado por esa experiencia tenemos que sentir que no estamos solas. ¿Dónde podemos hablar de eso sin que nos apedreen? Es difícil, porque a la mayoría de la gente le cuesta trabajo entender los matices. Siempre es: aborto, ¿a favor o en contra?

Al día siguiente quemé las dos imágenes de ultrasonido. No quería ninguna prueba física de que ese embarazo había ocurrido, a pesar de saber que viviría con él para siempre.

No recuerdo lo que Marcus me dijo en esos días. ¿Trató de consolarme? ¿Volvió a ofrecer tomar un vuelo para irme a ver? Creo que el hecho de haber olvidado todas nuestras conversaciones es revelador.

Menos de una semana después de la intervención estaba temblando y sollozando en el sillón y supe que no podría sobrevivir sin una intervención inmediata. Cancelé mi clase de esa semana, varios actos y viajes que tenía en puerta y me ingresé en un hospital psiquiátrico. Antes de ir llamé a mis hermanos y les dije lo que estaba pasando. No quería contarle a mi mamá porque sabía que se consternaría, así que inventé un viaje al extranjero de último momento. Casi enseguida cambié de opinión, pues sabía que no podría mantener la mentira. Le dije la verdad. Siempre he sido malísima para las mentiras, así que ni lo intenté. Ofreció tomar el siguiente vuelo a Nueva Jersey, pero no lo acepté: la tranquilicé diciéndole que estaba bien.

Esto no era cierto.

Habían pasado diecinueve años desde la última vez que estuve en un hospital psiquiátrico. Casi todo era igual: mucha terapia de grupo; prohibidas las agujetas, los teléfonos y las rasuradoras. Comida malísima que servía para que a una persona le dieran más ganas de suicidarse. Compartí habitación con una joven puertorriqueña que estaba batallando con la drogadicción. Muchos pacientes andaban de pants o en piyama. Yo no podía, porque, por deprimida que estuviera, me aferraba a lo poco que me quedaba de dignidad. Me vestía y me maquillaba todos los días, por inútil que se sintiera.

La mejor parte de la experiencia fue la "equinoterapia". Una tarde fría y lluviosa, una mujer nos llevó a jugar *kickball* con dos caballos. Cada vez que pateábamos la pelota, llevábamos a los caballos a las bases con nosotros. No tenía ningún sentido, pero me encantan los caballos, tanto que tengo uno tatuado en el brazo derecho. Su sola presencia me daba un poco de paz.

Mi psiquiatra del hospital, una lacónica joven mujer medioriental, me volvió a cambiar los medicamentos y me confirmó que mi anterior psiquiatra estaba equivocada, y que no era cierto que el aripiprazol fuera seguro para el feto.

—Tomaste la decisión correcta —me aseguró, y me quedé ahí sentada, furiosa y confundida.

Marcus volvió a Nueva Jersey. Se quedó en mi departamento y todos los días iba a verme al hospital. Todo mundo supuso que era mi esposo, y hubo en eso algo que me dio esperanzas. Quizá lo sería si yo sobrevivía a eso.

Estuve en el hospital solo una semana porque insistí en que me dejaran salir a tiempo para una entrevista por Skype que había agendado con una universidad para un puesto de profesora. Unas horas después de salir del hospital traté de convencer a un comité de profesores de que debían contratarme para dar clases de poesía.

No me dieron el trabajo (entra música triste de trombón).

No estoy segura de qué tanto me sirvió el hospital, porque seguía deshecha, pero al menos evitaron que me suicidara. Al día siguiente empecé con un programa de pacientes externos, lo que significaba más terapia de grupo. Seguí aprendiendo maneras saludables de lidiar con la depresión: escribir diarios de gratitud, ejercicio, libros para colorear de adultos (¿?), hábitos de sueño saludables y autocompasión. Todo sonaba inútil.

Marcus se fue unos días después. Ni siquiera sé bien por qué, pues no es como si tuviera un trabajo al cual volver. Ahora me pregunto por qué no simplemente se fue a vivir conmigo, pero en ese momento lo acepté y ya. Estaba tan deshecha que ya nada tenía sentido para mí.

La peor parte de la depresión, además de las ganas de morirme, es que se llevó mi personalidad. No estaba viviendo: a duras penas estaba sobreviviendo, aguantando. Nada me importaba, salvo dar clases, supongo, porque seguía haciéndolo. Esa única actividad requería toda la fuerza que podía reunir. No podía leer ni escribir por placer. No contaba chistes, nada me hacía reír… Era perturbador porque en el fondo soy una payasa. Es mi mecanismo de afrontamiento habitual; puedo verle el lado humorístico a un calcetín unitalla. Además, entre mis amigos y familiares es conocido mi apetito voraz, pero en medio de esa intensa neblina todo me sabía a arena y comía exclusivamente para sobrevivir. Mi deseo sexual era inexistente, estaba tan seco como un pozo abandonado. Por lo general mi libido es tan alta que resulta un fastidio, pero la depresión había hurgado tan profundo dentro de mí que pensé que se había extinguido para siempre. No podía ni siquiera imaginarme volviendo a tener relaciones sexuales; el acto me era del todo inconcebible, y por supuesto que no iba a seguir el consejo de la doctora Petrov de "quedarme tendida y dejarme hacer" por quien fuera. También mi fe budista se tambaleó al pasar por todo esto. Me sentí traicionada por ella. Antes había podido encontrarle sentido a mi sufrimiento, pero en esta ocasión no significaba nada para mí.

La única válvula de escape positiva era que estaba corriendo y, sorprendentemente, seguí dándole. Corría ocho kilómetros varias veces a la semana, sobre todo porque Marcus insistía y me regañaba cuando no lo hacía. Tenía razón en alentarme, porque sí me hacía sentir mejor, pero estaba lejos de ser una cura. A menudo lloraba al correr. A veces me daban ganas de aventarme a una zanja. Deseaba que se abriera la tierra y me tragara enterita. "No te mueras, Erika —me decía en voz alta—; por favor no te mueras". Una tarde vi un zorro y fue tan llamativo que me dio un atisbo de fe. Recordé que hasta en el sufrimiento hay belleza. Supongo que gracias a eso sobrevivimos.

En una de mis sesiones de terapia de grupo nos dieron la tarea de escoger una canción para ponerla. Escogí "Here Comes the Sun" cantada por Nina Simone. Pusieron la canción y me puse a llorar de modo incontrolable. No era cierto. El sol ya estaba ahí y yo lo aborrecía. Me chocaba estar viva. No era justo tener que existir. Los demás del grupo se veían preocupados por mí y al irme de vuelta a casa puse en el autoestéreo la canción para que se repitiera todo el camino y lloraba tanto que prácticamente no podía ver el camino.

COMO SI NO TUVIERA suficientes preocupaciones, el acné me invadió la cara (¿hay alguna palabra más fea que *acné*? La respuesta es *no*). Había empezado al principio del año y no hizo sino empeorar. Estaba rojo e inflamado y era doloroso. Desde que tenía trece años había tenido problemas en la piel, pero nunca tan severos como esta vez. No mejoraba con nada, por mucho que gastara en productos o visitara dermatólogos. Hacía todo lo posible por taparlo con maquillaje, pero en vano. Estaba en constante estado de humillación y me chocaba verme en el espejo. No quería que nadie mirara siquiera hacia donde yo estaba. Era como si mi agitación interna se manifestara en mi rostro de la manera más vergonzosa posible. Estaba tan desesperada que pensé en tomar isotretinoína; tenía su parte irónica, porque uno de los posibles efectos secundarios son las ideaciones suicidas.

COMO UN MES después de mi aborto llegó el Día de la Madre. Fue uno de los peores días de mi vida. Jackson se había mudado recientemente a Brooklyn, así que ese fin de semana tomó el tren a Princeton para consolarme después de que le conté lo que había pasado. Cuando conocí a Jackson en Chicago, en 2015, e inició nuestra amistad, éramos personas muy diferentes. Yo estaba a punto de casarme, mientras que Jackson aún no había hecho la transición.

Se quedó conmigo el fin de semana y hubo momentos en que casi volví a sentirme yo misma. Jackson hizo el mejor curry de verduras que hubiera yo probado. Era reconfortante volver a probar comida de verdad. Hasta me reí unas cuantas veces. Sin embargo, el domingo en la mañana, cuando ya se había ido, no pude dejar de llorar. Pasé casi todo el día en el sillón. Llamé a una línea de atención para riesgos de suicidio, pero nadie contestó; no sabía que eso pudiera pasar. En algún punto estaba arrodillada, sollozando y gritando: "Alguien ayúdeme por favor". Todavía no sé qué o a quién estaba suplicándole —no creo en un Dios intervencionista—, pero así de desesperada estaba.

LAS SEMANAS QUE siguieron al Día de la Madre mi mente se fue por su cuenta a los sitios más oscuros. Me convencí de que después del aborto yo ya no tenía arreglo y nunca tendría hijos. Parte de esa preocupación se debía al hecho de que había sangrado por un mes después de la intervención. A pesar de que me habían hecho una revisión y todo parecía normal, yo estaba segura de que mi vida se había arruinado.

Un fin de semana Jen me llevó a un ashram hindú en el norte del estado de Nueva York para ayudarme con mi proceso de curación. Mientras estaba ahí, medité y le supliqué al universo que me librara de ese horror interminable. Aquella tarde, mientras comíamos un sanísimo almuerzo vegano en la cafetería, vi a un niño pequeño birracial caminando como pato entre las mesas. Era moreno, de pelo rizado, tal como imaginaba que sería mi hija. Lloré a lágrima tendida contra mi voluntad. Traté de recobrar la compostura, pero

Jen insistió en que dejara que el dolor encontrara su propia salida. Me pregunté si algún día eso sería posible.

HICE UN VIAJE corto a Chicago el fin de semana del Día de los Caídos. Me quedé solo unos días, pues seguía en mi programa de pacientes externos. Mi familia estaba al tanto de la hospitalización, claro, pero no del aborto. No es que me avergonzara, pero no quería que ellos también sufrieran por eso. Además me costaba trabajo hablar de eso. No podía siquiera conversarlo en terapia de grupo, y había concluido que nunca podría escribir sobre eso. No podía imaginar que el mundo supiera del peor momento de mi vida.

La noche de mi llegada, Marcus y yo fuimos por unos tacos y cuando regresamos al estacionamiento su coche ya no estaba. Un hombre en la calle nos dijo que se lo había llevado la grúa. Tomamos un Uber para ir a averiguar dónde estaba y Marcus casi no pronunció palabra. Nos tomó horas recuperarlo, y como seguía echando chispas, mejor lo dejé solo. Cuando íbamos de regreso a su casa volví a pensar en el suicidio. Después de un rato rompí el largo y tenso silencio y dije:

—Si no la hago, ¿puedes por favor asegurarte de que Tom se quede con Simone?

Esa era una de mis mayores preocupaciones si moría: quería que mi gata tuviera un buen hogar si yo no estaba, y sentía que mi ex esposo era la mejor elección. La había querido muchísimo, y cuando yo me la quedé tras el divorcio, estaba desconsolado.

Marcus dijo que no podía creer que estuviera desviando la atención hacia mí en esos momentos. Se puso a reclamarme duramente y, agarrado del volante y viendo al frente, dijo:

—Si te suicidas, le cortaré la cola a Simone.

Me dio tanto miedo que no dije nada. Mi cuerpo entero era una trenza apretada.

Pasé esos días tratando de parecer medio normal con mi familia, pero no logré ser muy convincente. Normalmente nuestras muestras de cariño consisten en trolearnos, pero esa vez no me sentía capaz. Estaba callada y distraída en lugar de decir mis pendejadas habituales. Me preocupaba lo que mi sobrina y mi sobrino pudieran pensar. En ese entonces tenían once y catorce años, y no quería que se preocuparan de su tía con una enfermedad mental. En algún momento me volteé con mi hermano y le pregunté:

—¿Los niños están enterados de…? —Y apunté el dedo a mi cabeza haciendo círculos, el signo universal en las caricaturas para decir que alguien está loco. Asintió con la cabeza y todos nos reímos.

A FINES DE MAYO me tocó participar en una conferencia en Nueva York y la mañana anterior a mi viaje planeé sacar del banco todos mis ahorros para dejárselos a mi familia antes de suicidarme. Hacía calor y ya no soportaba seguir viva. El sol sobre la piel era opresivo. Concluí que no estaba destinada a existir en esta tierra.

Llamé a Marcus y le dije que hasta ahí había llegado.

—No puedes hacerme esto —dijo—. ¿Y todo lo que prometiste? ¿Y todo lo que dijiste sobre tener una familia conmigo algún día?

Entonces, en vez de sacar todo mi dinero y suicidarme, me obligué a abordar el tren y tuve mi participación a la mañana siguiente. Eso, quedarme en un hotel bonito y hablar de mi obra con otros escritores en Nueva York, era el tipo de actividad que por lo general disfrutaba, pero esa vez estaba implosionando y a duras penas podía formar oraciones. No recuerdo mucho del panel (espero haber sido mínimamente coherente), pero sí sé que hablé de cómo era ser hija de inmigrantes. Después de eso, durante la firma de libros, muchas mujeres jóvenes se deshicieron en elogios para mi novela, me dijeron que les había cambiado la vida, que nunca se habían sentido tan vistas, y yo me quedé ahí sentada, con sonrisa fingida, y me pregunté qué significaría para ellas que yo pusiera fin a mi vida.

MI MAMÁ ME VISITÓ en Nueva Jersey a principios de junio por mi cumpleaños. El plan era que se quedara dos semanas, y luego yo regresaría con ella a Chicago en cuanto terminara mi programa de pacientes externos. Durante su estancia en Nueva Jersey yo volví a ser una niña. Dada mi inutilidad, se encargó de mí como si fuera una bebé: cocinaba, limpiaba, se aseguraba de que comiera. Hasta dormía en mi cama.

En la mañana de mi cumpleaños di vueltas por el departamento llorando. Mi mamá no sabía qué hacer. Trató de hablar conmigo, decirme que iba a estar bien, pero no lo creía. Tenía que leer un poema que había escrito para la ceremonia de graduación de la Sociedad Phi Beta Kappa en Princeton a las ocho de la mañana. Estaba inconsolable pero de ninguna manera podía faltar, así que me sequé los ojos hinchados y, como pude, volví a armarme de voluntad. Leí mi poema enfrente de cientos de personas en un precioso auditorio y nadie se enteró.

Aún no le contaba a mi familia del aborto. A esas alturas solo Marcus y algunas amistades lo sabían. Yo me lo guardé porque decirles lo haría más verdadero. También temía su reacción, dada su fe y nuestra cultura. Sin embargo, una noche después de cenar me senté en la mesa de la cocina y la verdad palpitaba en mi interior, pugnando por salir. Cuando lo dije no podía mirar a mi madre. Más tarde llamé a mis hermanos y también les conté. Mi mamá dijo que ella le diría en persona a mi papá. Nadie me juzgó, y yo debería haber sabido que no lo harían.

Una tarde mi mamá y yo acabamos rezando en una iglesia católica vacía cerca de mi departamento. Me arrodillé y sollocé mientras mi mamá me acariciaba la espalda. No había sido católica desde los doce años pero ahí estaba yo, prosternándome ante Jesucristo una vez más. La desesperación nos hace hacer cosas extrañas. Una mujer entró, me puso la mano en el hombro y me dijo que todo iba a estar bien. Quería creerle, pero no. Cuando regresamos a la casa le dije a mi mamá:

—Por favor déjenme ir.

En mi mente enferma, pensaba que de algún modo obtendría la bendición de mi familia para suicidarme. Presa del pánico, mi mamá llamó a mi hermano mayor.

—Ya no quiero hacer esto —le dije.

—No es una opción —respondió, y nos dijo que teníamos que llamar a una ambulancia.

. . .

TRAS MUCHAS HORAS en Urgencias estuve de vuelta en el hospital psiquiátrico, en esa ocasión uno más agradable. La comida era un poquito menos asquerosa y las instalaciones eran más limpias y modernas. Mi compañera de habitación era una mujer anciana blanca cuyo esposo había muerto recientemente. Cuando me preguntó por qué estaba llorando en la cama titubeé antes de hablarle del aborto. Por su edad, temí que me juzgara, y estaba yo demasiado frágil para defenderme. Pero no lo hizo. Me dijo que lo sentía.

Marcus volvió a volar desde Chicago y vino con mi mamá a verme en los días que nos permitían tener visitas. Poco después vino también mi hermanito. Me molestaba que tuvieran que verme en ese estado, con los ojos todos rojos, demacrada y muda. No hablaba mucho, y cuando hablaba, cada palabra era lenta y larguísima. La depresión había cambiado hasta mi manera de hablar.

Unos días después de mi llegada escuché a dos mujeres blancas de cierta edad hablando de terapia electroconvulsiva. Se habían sometido a ese tratamiento muchos años antes y ahora estaban en el hospital para una especie de "puesta a punto". Intrigada, les pregunté sobre ella. No sabía más que lo que había visto en *Atrapado sin salida,* que seguramente estaba desactualizado. Ambas me dijeron que había sido la mejor decisión para tratar su depresión y que después de eso ya no requirieron medicamentos. Estaban ahí porque al cabo de muchos años se había pasado el efecto. En ese momento yo habría accedido a lo que fuera. *¿Abrirme el cráneo y pincharme el cerebro con unos palitos? SÍ POR FAVOR.* Leí y releí un par de folletos. En uno, a un hombre triste mal dibujado le borran el cerebro y se convierte en un hombre feliz mal dibujado. Me resultó ligeramente divertido. *Por favor, Dios / Buda / Universo, déjame convertirme en el Señor Feliz.* El otro folleto aludía explícitamente a *Atrapado sin salida* y decía que la intervención tal como se ve en la película "no guarda ninguna semejanza a la terapia electroconvulsiva de la actualidad, que no es dolorosa ni se usa como castigo". También se refería a la depresión como "melancolía", algo que le gustó a la poeta a la antigüita que vive en mí. Por mucho tiempo me ha fascinado el concepto de "los humores" de la Grecia y la Roma antiguas. Ese sistema médico postulaba la existencia de fluidos que determinaban nuestro temperamento. A mí con toda seguridad me habrían diagnosticado un exceso de bilis negra, considerada causa de la depresión. La palabra *melancolía,* de hecho, se deriva del término griego para *bilis negra,* repugnante y precisa descripción.

La tarde siguiente le pregunté a mi nuevo psiquiatra, otro ruso, sobre la terapia electroconvulsiva. Él ya me había recetado de vuelta el Prozac, tal como se lo pedí, y de inmediato coincidió en que la TEC sería también un buen tratamiento para mí. Normalmente se usa únicamente en los peores escenarios, cuando ya todas las demás opciones se han agotado, y ese parecía ser mi caso. Bajo anestesia general, me pasarían pequeñas corrientes eléctricas por el cerebro para desencadenar un ataque que cambiaría la química de mi cerebro. A la mañana siguiente empecé con el tratamiento.

Era una intervención indolora. Un día sí y un día no me despertaba de la TEC sintiéndome grogui y me dormía hasta que se me pasara. Eso era lo peor. Se suponía que los resultados eran veloces, pero para mí nada era lo suficientemente rápido. En el hospital seguía pensando en maneras de suicidarme. Una de ellas era convertir una blusa de manga larga en soga y colgarme de la puerta de un armario (estos no tenían barras, por supuesto; ya habían aprendido). Sí lo intenté, pero pronto cambié de opinión y volví a poner el pie en la silla. Me lastimé la garganta en el intento, y por varios días me pregunté si me había roto algo, pero no le dije a nadie. Otra idea fue pedir mi antiojeras; lo llevaba en mi estuche de maquillaje, que el personal guardaba cerca de la recepción. Tomaría el frasco y lo rompería en el baño. Tenía que regresar todos los artículos que usara, pero esperaba que al encargado se le olvidara. Sí fue así, y me quedé varios días con la esquirla abajo del colchón, hasta que decidí tirarla.

Salí del hospital una mañana radiante y calurosa, lo que normalmente se consideraría un día precioso. Yo no tenía la capacidad de apreciar eso, porque se sentía como una burla hacia mí. *Vete al carajo, pinche verano. Vete al carajo con toda tu maldita fecundidad.* Tenía muy poca energía y estaba desorientada, probablemente por la TEC. Lo único que quería era derretirme en mi sillón y distraerme con programas estúpidos en la tele, pero aquella tarde Marcus insistió en que saliera a correr. Obedecí y me puse la ropa de correr. Mi mamá y yo fuimos caminando al parque de por ahí, donde Marcus ya había empezado a correr. No estaba del todo lista para empezar, así que mi mamá y yo nos sentamos un ratito en una banca. La inactividad de esas dos semanas me había dejado aletargada: sentía el cuerpo suave y maleable, como un bulto de arcilla gastada. Me senté un rato con la mirada perdida, sin imaginar ni por un instante que un acto tan insignificante fuera a cambiarme la vida.

Uno de los efectos secundarios que sufrí por la TEC fue la pérdida de memoria. La memoria ya es de por sí escurridiza, y cuando le sumas la depresión y los pulsos eléctricos recorriéndote el cerebro, las cosas pueden ponerse muy turbias, así que me cuesta trabajo reconstruir con exactitud lo que pasó a continuación. No sé si Marcus y yo nos gritamos, pero sí sé que estaba furioso, convencido de que yo no estaba intentando mejorar. Tan decepcionado estaba que empacó sus cosas y esa noche se fue a Nueva York a quedarse con un amigo. Según él, le dije que si se iba yo me haría daño, cosa que no recuerdo y no puedo confirmar porque ya borré sus mensajes.

Ese fin de semana regresó para romper conmigo e irse a su casa.

MI MAMÁ Y yo decidimos que no era un buen momento para que yo me quedara sola, así que nos fuimos en coche a Chicago con todo y mi gata. El plan era que yo me quedara a vivir ocho semanas con mis padres mientras empezaba un nuevo programa de pacientes externos y estudiaba la posibilidad de otra TEC. Al principio vi a Marcus unas cuantas veces. Cuando iba con él le mentía a mi familia porque todos lo odiaban; mantenerlo en secreto me hizo sentirme de nuevo una adolescente.

—Quiero que te mantengas alejada de ese hombre —me suplicó mi mamá cuando él me dejó en Nueva Jersey. En Chicago, Marcus y yo hablamos de volver juntos, aunque yo no sentía que fuera tan buena idea. Creo que estaba tratando de aferrarme a una parte de mi vida anterior, mi antiguo yo. Mi cerebro seguía sin funcionar del todo bien y yo estaba tomando decisiones destructivas. En su recámara, una tarde, empezó a llorar por el aborto.

—Perdimos a un niño —dijo con lágrimas en los ojos. Me pidió que me quedara esa noche con él, pero no lo hice. Nunca más volví a verlo.

Mi familia y mis amigos me envolvieron por dos hermosos meses. Dormí en mi cama de infancia y pasé mucho tiempo con mis padres. Mi mamá siguió alimentándome y apapachándome. Todo mundo me daba amor y ánimo a raudales. Seguí corriendo. Mi piel mejoró y ya no me sentía una monstruosidad. Terminé mi programa de pacientes externos y tuve otras seis sesiones de TEC en un hospital local.

Aunque estaba mejorando mentalmente, cada vez que iba en un carro en movimiento tenía accesos de náuseas y vómito. Insistía en que estaba bien y en que ya se me pasaría, pero mis padres de todas formas me llevaron una noche a urgencias. Los médicos no tenían ni idea de lo que me pasaba. Vi a otros dos médicos después de eso: uno pensó que era el Prozac, pero no explicó por qué, y otro aseguraba que era una infección de oído. No supe qué era lo que en realidad estaba pasando hasta que volví a ver a mi enfermera facultativa de la TEC.

—Creo que tienes un exceso de serotonina —dijo—. Ahora que la intervención te ha cambiado la química cerebral, la dosis de Prozac que te recetaron es demasiado alta.

Estaba perpleja. Había pasado la mayor parte de mi vida deprimida, sintiendo que había algo deficiente en mi cerebro, y ahora me decían que tenía una cantidad excesiva de la sustancia química responsable de mi bienestar emocional. Cuánta confusión.

—¡Tengo demasiada serotonina! —le dije a mi hermano menor ese día cuando pasó por la casa de mis padres—. Qué loco, ¿no?

—¡Ajá! Ya se me hacía muy raro que te rieras de todos mis chistes —dijo, y eso también me hizo reír.

. . .

Se acercaba la fecha de mi partida y yo empezaba a sentirme casi normal. Bueno, quizá *normal* no sea la palabra. A decir verdad, ni siquiera sé qué sea eso. Era algo más parecido a la magia, como si alguien hubiera pulsado un interruptor y yo de pronto ya estuviera arreglada. Sigo sin poder creerlo. Pensaba que la depresión siempre formaría parte de mi vida, pero quizá me equivocaba. A lo mejor había creado una nueva realidad; a lo mejor tenía que destruirlo todo para empezar de cero otra vez. *Gracias, ciencia,* pensé viendo al cielo. *Gracias por devolverme a mí misma.*

Cuando le hablo a la gente sobre la TEC, por lo general me miran con incredulidad. Algunos se quedan de plano horrorizados de que me haya sometido a esa intervención. "¡Vaya!, suena muy extremo", me han dicho varias personas estremeciéndose. Siempre quieren saber si dolió y les sorprende cuando les explico lo fácil que fue todo. A pesar de la mala fama, no tengo ninguna duda de que la TEC fue una de las mejores decisiones de mi vida.

La TEC moderna es una delicada y tibia brisa de mar en comparación con otros métodos que se empleaban en el pasado. A lo largo de la historia, entre los tratamientos de las enfermedades mentales ha habido medidas extremas, como enemas, vómito, exorcismos, sangrías y lobotomías. A mucha gente le hacían el vacío y la aislaban. A algunas personas las ahogaban o quemaban vivas. Los antiguos mesopotámicos, griegos y romanos creían que la enfermedad mental era resultado de la posesión demoniaca. A veces me pregunto qué me habría pasado si hubiera nacido en otra época. ¡A lo mejor me hubieran condenado por brujería!

En los peores momentos de la depresión pensaba que ya nunca más volvería a escribir. Me preocupaba tener que renunciar a la beca y mudarme de vuelta con mis padres. La mayor parte del tiempo me preguntaba si sobreviviría a ella. Hace poco, revisando mis diarios en busca de material para este ensayo, encontré una carta que no recuerdo haber escrito. No tiene fecha ni destinatario, pero sé que la escribí en mi segunda estancia en el hospital, la vez que volví a poner el pie en la silla por motivos que no me son del todo conocidos. ¿Miedo? ¿Esperanza? ¿Resiliencia? ¿Cobardía? ¿Culpa? ¿Amor? En la carta le pedía perdón a todo mundo. Al final dice: "No es culpa de nadie. Fui yo, solo yo".

MANEJÉ DE REGRESO a Princeton con mi papá y mi gata a principios de septiembre. A mi familia y mis amistades les preocupaba que estuviera sola el último año de mi beca, pero yo sabía que no solo sobreviviría, sino que me iría de maravilla. Estaba enterita, estaba escribiendo, era capaz de sentirme alegre, me reía, la comida sabía a lo que tenía que saber.

Siempre creí que sentía demasiado y maldecía mi sensibilidad, pero ¿quién sería sin ella? Ahora me lo pregunto. Al restablecerme, me enamoré de la vida por primera vez. Quedé encantada sobremanera. Disfrutaba las cosas más simples. Les susurraba a los pájaros, agradecía a los árboles, miraba el cielo y me sentía anonadada por su belleza.

Mi regreso a la escritura se sintió como sacarme lentamente unos clavos del cuerpo. Escribir, ese exquisito dolor, es lo que siempre me ha mantenido viva. Las palabras son para mí una forma de oración, un tipo de reverencia. Ellas dicen *gracias, gracias, gracias.*

YO NO SOY TU PERFECTA
MADRE MEXICANA

El último año de mi beca fue notable porque mi depresión finalmente estuvo dominada y pude volver a trabajar y viajar: un cambio bienvenido después del año que le había precedido. Todo lo que tenía que hacer era permanecer viva. Hice eso y más. Regresé a espacios profesionales que siempre me habían dado lecciones de humildad y me habían parecido muy emocionantes, y estuve a la altura de las circunstancias. En junio, cuando acabó la beca, estaba orgullosa de cuanto había logrado. Me despedí de Princeton y regresé a Chicago.

El año había sido además muy poco sexi, y después de instalarme en mi nueva casa (un departamento en mi viejo barrio de Bridgeport) y sentirme lista para empezar a trabajar en mi nueva cátedra en la Universidad DePaul, pensaba que era momento de encontrar pareja. Como era de esperar, no había prospectos en los suburbios de Nueva Jersey, y ni siquiera al viajar me topaba con alguno. Había vagabundeado por Italia, Londres, Dublín y muchas ciudades estadounidenses con ojo avizor en busca de algún hombre con buen paquete, pero fuera de unos breves escarceos con uno que era demasiado joven para mí, nada pasó. Mis numerosos fracasos románticos me habían hecho muy selectiva, casi en exceso. Ser una mujer guapa en busca de relaciones sexuales es tan fácil como pedir unos huevos en una cafetería, pero cuando maduras y ya te cansan los encuentros vacíos con hombres que no tienen su propia base de cama, la cosa se vuelve peliaguda. Estaba traumatizada por mi última relación y no había modo de que yo volviera a quedar prendada de un perdedor. Más valía ser una soltera sexi por el resto de mis días.

Con un hondo terror existencial descargué las apps de citas que antes me habían parecido tan detestables. *Y vuelve la burra al trigo,* pensé suspirando. Me estremecí e hice la señal de la cruz. Ese verano, en una visita a la familia en México, mi tía me había dado una limpia para ayudarme a deshacerme de los viejos espectros con pene. Estaba lista. Más o menos. *¡Hagámoslo!*

En cuanto le echaba ojo a un pretendiente, solía pensar en rutas de escape. No era que ninguno me pareciera poco atractivo, pero instantáneamente sabía en lo más profundo de mi corazón (y de mis entrañas) si quería o no sentármele a alguien en la cara. Eso para mí es lo mínimo. Cada vez que una amiga se debate por sus sentimientos por algún caballero, esa es mi primera pregunta: "¿Te le quieres sentar en la cara?". Mi filosofía sigue siendo que no puedes quedarte con alguien que te parezca "mediano". Tiene que encantarte cómo le huele el cuero cabelludo, cómo se come el sándwich, ¿saben lo que digo? Yo misma había engañado a mi cerebro para salir con hombres que en el fondo no me gustaban: "Bueno, quizá luego surja la atracción, porque es una persona buena onda". No, güey, créeme que no.

En mis diferentes perfiles decía que estaba en busca de un hombre de color divertido. Evidentemente quería a alguien listo y exitoso. Yo me había impuesto algunas otras reglas no negociables: no quería a tipos blancos (son malos para mi psique, mi espíritu y mi bienestar en general), nada de que estuvieran en la quiebra, y por ningún motivo consideraría a alguien que no quisiera tener hijos. Por último, no quería ser la madre de un hombre adulto. Al principio de mi nueva incursión en el mundo de las citas desayuné con un abogado guapetón, y cuando me invitó a ir a su casa me impresionó descubrir que vivía en lo que parecía un cuarto de residencia estudiantil tantito mejorado, y digo esto por ser generosa. Después de Marcus, eso fue traumatizante.

—¿Qué te parece mi departamento? —preguntó.

—Eeeeeeh… Pues… no está tan padre —respondí con una mueca.

Él sonrió y contestó:

—Oye, pero al menos tengo jabón de manos en el baño, ¿o no?

—…

Estaba queriendo ser chistoso, pero por nada en el mundo iba yo a salir con alguien que alardeaba de la higiene humana más elemental (y el mundo estaba a punto de tener una llamada de advertencia sobre la importancia de lavarse las manos).

En el centro me reuní con un tipo para la "hora feliz" y pasó la cita entera hablándome de su dieta keto. Este cabrón ni siquiera quiso comer botana. Poco después de eso me tomé un café con una estafa piramidal con forma humana (imagínense a Jean-Ralphio pero con melanina). Lo bloqueé mientras esperaba su Uber. Luego salí con un músico con muchas ganas de bajarse los calzones, así que dije que tenía que irme a mi casa a checar la olla de cocción rápida y me escabullí a mi coche como roedor.

La mayoría de los hombres no pasaban de la primera cita, excepto un tipo de origen nigeriano con el que salí cuatro veces. Era bastante atractivo y exitoso, pero entre otras cosas que me dieron que pensar, inmediatamente después de acostarnos me dijo que las mujeres blancas eran su "kriptonita". También me dijo que hacerles sexo oral a las mujeres le parecía asqueroso. Díganme chapada a la antigua, pero después de eso no vi ninguna boda en el horizonte.

Todo eso era agotador. "¿De dónde eres? ¿A qué restaurantes vas? ¿Cada cuánto lavas las sábanas? ¿Qué piensas del feminismo? ¿Cuál es tu Muppet favorito?". La mayoría de las citas eran tan agradables como comer arroz medio crudo. Deseaba no querer pareja ni hijos, pero dentro de mí había una necesidad profunda y vibrante. Habría sido mucho más fácil si hubiera podido ser como Samantha, de *Sexo en la ciudad,* que cogía con feos tipos blancos sin ninguna preocupación mientras se tomaba martinis de treinta dólares, pero no, mi cuerpo maduro me llamaba a procrear e irme de compras a Home Depot. ¡Insufrible!

Empezaba a preocuparme porque tenía treinta y cinco años y de verdad deseaba tener hijos en el futuro próximo. Mucha gente me aseguraba que todavía era joven y que tenía tiempo de sobra. Sé que lo decían con buenas intenciones pero, carajo, qué fastidio. Quería gritar: "¡¿Sabes quién no está de acuerdo con eso?! ¡La ciencia!". Si bien entiendo que "tiempo de sobra" es subjetivo, yo ya no era una ágil veinteañera.

Tenía una imagen clara del tipo de hombre que quería: masculino pero no macho, brillante en algún sentido, excesivamente divertido y Moreno, absolutamente Moreno. Cuando mis estánda-res eran tan bajos como mis niveles de serotonina, hice caso omiso de mi intuición y luego esta me puso en mi lugar. Así es como aca-bé saliendo con Marcus, un hombre que al despertar comía Tostitos que guardaba junto al colchón en el piso. Empezaba a plantearme conseguir un poco de esperma de alta calidad si las cosas no empe-zaban a mejorar.

Es difícil salir con hombres cuando odias a los hombres. Solía decir esto de broma en las citas sólo para tantear el terreno. Si algu-no se ponía a la defensiva, significaba que era incapaz de recono-cer su privilegio, y con eso tenía para saber que no funcionaría. No me iba a poner a discutir con alguien sobre la historia de la huma-nidad y mi propia experiencia. Cada día miraba mis apps de citas con repugnancia. Tantas *selfies* poco favorecedoras posando jun-to a un coche y "tíos despreocupados" a los que les gustaba "pasar-la bien". Con alguna frecuencia borraba las apps y me convencía de que tendría un encuentro decisivo en el súper, como una inocento-na en una comedia romántica. Luego volvía a descargarlas, porque era un mamífero con sus necesidades.

Hacia el final del verano empecé a escribirme con un preten-diente prometedor en OkCupid. Divorciado y padre de dos hijos, acababa de comprarse una casa en el North Side. Lo que me cau-tivó de él fue la manera como hablaba de sus hijos. Evidentemen-te estaba prendado de ellos y se tomaba muy en serio su papel de padre. Cuando me dijo que estaba trabajando en un disco de rap que les daría a sus hijos cuando fueran adultos, demonios, ahí caí. ¿Un hombre maduro con casa y un buen trabajo que además es un padre entusiasta que participa en la educación de sus hijos? Carajo, eso sí que me impresionó. Tenía experiencia suficiente para saber que estas cualidades juntas eran una rareza. Además era divertidísimo. Decía que solía hacer *stand-up,* lo que normalmente me haría vacilar porque ¡híjole!, pero sus mensajes siempre me provocaban una risita. Acepté ir a cenar con él.

En cuanto vi a Will, mi corazón se agitó como un pequeño papalote atorado en un árbol en un tornado. Tenía unos cálidos ojos cafés y su barba era espesa y suntuosa; era un precioso hombre Moreno con vibra de torpe pero sexi (imagínense a Jason Mantzoukas pero más fornido). Por su perfil sabía que era birracial —Negro e italiano—, pero podría haber venido de la India o del Oeste Medio, así que probablemente había vivido el racismo en muy diferentes frentes, algo que después confirmó. De cualquier manera estaba jodidamente bueno, ¿me entienden?

En esa época, rara vez me ponía nerviosa en una cita, pues mis apuestas eran muy bajas. Por lo general sabía cuando una persona no tenía ningún potencial como pareja, así que no me preocupaba si la impresionaba o no. Pero con Will fue distinto. Me hizo reír tan fuerte que la cara me dolía. Mis alaridos espantaron a los transeúntes. Su irreverencia hacia el mundo me encantó. Tuvimos las conversaciones más absurdas desde el principio. Al cabo de veinte minutos le conté la historia de la familia Sánchez sobre el gato de mi abuela, sospechoso de violación. Eso le provocó una risa socarrona que enseguida se volvió uno de mis sonidos favoritos. Además tenía aspecto de papá bonachón. Éxtasis total.

Después de cenar caminamos a unos bares y seguimos platicando y riendo. Fue una clásica noche de verano chicagüina: el ruido de las cigarras, la música retumbando en los coches que pasaban, el aire cargado de posibilidades. Todo mundo parecía feliz, incluso nosotros.

No queríamos irnos a nuestras casas, pero después de cinco horas juntos, ya era muy tarde y Will tenía que ir a trabajar temprano. Tenía muchas ganas de sentarme en su bonita cara hirsuta. Mientras esperábamos para cruzar la calle, me dio un beso y se sintió como el *Big Bang* en mi pecho. Levanté la mirada y dije:

—Me gustas.

—Tú también me gustas —respondió.

Me dejó caliente y temblorosa por dentro y no lo pude disimular.

En el coche, sonriendo camino a casa, dije para mis adentros: *Ya encontré a mi futuro marido.*

Uno o dos días después borré mis apps de citas *para siempre,* así de segura estaba de que nos moriríamos de viejos exactamente al mismo tiempo, tomándonos de la mano y contando nuestra vida como en *Diario de una pasión* versión morena. Mandé mensajes a mis amigas para decirles que había conocido al hombre con el que me casaría. Puede ser que haya sonado delirante, y es cierto que había dicho algunas cosas estrafalarias en el pasado, pero estaba tan segura de que estábamos hechos el uno para el otro que no pude contenerme. Me mudaría a su casa. Sería una madrastra cariñosa con sus hijos. Tendríamos un bebé juntos. Por supuesto, nada de esto se lo dije a él, no fuera a pensar que estaba tocada de la cabeza.

En nuestra segunda cita Will me invitó a su casa. Hizo una fogata en el jardín y estuvimos horas ahí sentados fumando marihuana y riéndonos. Le encantó que fuera una malhablada: también él era un grosero. Resultó que ambos éramos unos criticones colosales. Traté de ser evasiva y al principio me resistí a tener relaciones sexuales debido a un miedo subyacente de que se desapareciera de pronto. Me preguntaba, preocupada, si no estaría yo malinterpretando la situación.

Pues bien, mi lamentable intento de ser prudente acabó poco después de que puso "Pony" de Ginuwine, porque no soy sino una simple mortal.

En pocas semanas conocí a sus hijos, a su ex esposa y a sus amigos. Me sorprendió y alivió a la vez conocer la sana relación de crianza compartida que tenía con su ex. Cuatro años después de su divorcio no había animadversión entre ellos. Ella ahora tenía una nueva pareja, y los hijos, que dividían su tiempo a partes iguales entre ambas casas, eran niños felices y equilibrados. Su mamá y yo nos respetamos desde un inicio y ella a mí me caía realmente bien. Nunca había visto una familia mestiza que funcionara así; pensaba que eso solo pasaba en la televisión. Will era un adulto de verdad y eso hacía que me dieran palpitaciones.

Él además era evidentemente feminista sin necesariamente declararse tal. No lo hacía sobre sí mismo, cancelándolo en consecuencia. Lo noté en la manera como nos trataba a mí, a su hija, a su ex esposa y a todas las mujeres con que interactuaba.

Will y yo estábamos juntos varios días a la semana y yo me enamoraba de él un poquito más cada vez. Era la primera persona que me hacía sentir vista. Sabía apreciar todo de mí y no nada más escogía algunas cosas a la carta. No le daba miedo mi manera excesiva de ser. Me consideraba divertidísima, brillante, hermosa. Y, como buen hombre de Atlanta, veneraba mi trasero.

Seguimos haciendo fogatas en su jardín. Fumábamos churros y escuchábamos rap mientras su tonto pit bull blanco perseguía ratas.

Queridos lectores, ¿cómo contarles una historia de amor sin provocarles el vómito? Prometo intentarlo: hizo que se me excitara el corazón. Lo amaba tanto como amaba escribir. Como a los exorbitantes colores del cielo a la hora del crepúsculo, el sonido de la nieve derritiéndose en marzo, el dolor de un hermoso poema, un grasoso taco de la calle a las tres de la mañana, el galope de un caballo a lo lejos, el olor de la tierra mojada después de una tormenta. Un amor tan hondo que me aterraba por inagotable. Con él era una versión más audaz de mí misma. Era repugnante.

Me mudé con Will al cabo de cinco meses, aunque prácticamente viví ahí poco después de conocernos. Me reía todo el día, todos los días. Era como vivir con Richard Pryor sin todo el trauma.

Pensamos que 2020 sería un año de posibilidades ilimitadas (¡ja!). La adaptación teatral de *Yo no soy tu perfecta hija mexicana* se estrenó en el Steppenwolf Theatre de Chicago en febrero. Esa noche fue una de las más conmovedoras de mi vida. Me encantó la adaptación. Toda la gente que trabajó en la obra lo hizo de manera brillante. Toda mi familia y casi todos mis amigos estaban ahí. Reí, lloré, les grité a unas señoras blancas en la calle (esa historia la contaré en otro momento). Después de la representación, la mayoría del reparto y del equipo vinieron junto con los amigos y la familia a la casa y la fiesta duró hasta las dos de la mañana. Fue legendaria.

Luego vino la plaga de proporciones bíblicas.

Al principio la afrontamos con una esperanza cautelosa, como imagino que hizo mucha gente. Ignorábamos muchas cosas y supusimos que la crisis sería pasajera. Nos refugiamos en nuestras casas y tratamos de aprovechar al máximo la situación. La niña, de siete años, y el niño, de ocho, estaban aburridísimos los pobres, así que buscamos modos de entretenerlos. Will se puso una peluca rubia, sombrero y lentes oscuros y se hizo llamar el Profesor Salchicha. Por alguna misteriosa razón les mostró un video de cómo se hacen los hot dogs. Un día yo me puse una falda larga, una boa de plumas y una pañoleta en la cabeza y me hice llamar la Vieja Señora McGonigal, experta en modales y atenciones, poseedora de un atroz acento británico.

Will también me preparó para hacer *stand up* y actué un número corto para mis amistades y familia por Zoom vestida con shorts de correr, calcetines y chanclas y un abrigo de piel sintética. Me reí de mi transmutación en señora. Un día estás consumiendo drogas recreativas con *drag queens* y al día siguiente estás siendo pasivo-agresiva con tus mascotas.

Saquemos todo el provecho posible de esta pandemia. ¿Qué más podemos hacer?, pensamos.

Y después me embaracé. ¡Por fin, el bebé con que llevaba años soñando! Will y yo estábamos eufóricos a pesar de prácticamente todo. Me deleitaba pensando en ese pequeño ser humano. Ya estaba viviendo en el futuro: un niño color frapuchino con unos grandes caireles sueltos y un chillido encantador. Relajado y libre de un modo que a mí no se me daba.

Mi barriga creció junto con la propagación del virus. El embarazo era simultáneamente ordinario y extraordinario. Yo con mi cuerpo estaba haciendo a un ser humano real, tal como las mujeres habían hecho por milenios. Déjenme decirles que es algo muy confuso. En pocas semanas supimos que el bebé era una niña. Era lo que yo quería pero temía reconocerlo ante los demás y ante mí misma. Se supone que debes decir que, mientras esté sano, eso no importa. Pero a mí sí me importaba. Mucho.

Quería educar a una niña para que fuera rebelde, brillante y divertida. Quería una amiga, alguien que me confiara la verdad aunque doliera. Quería educar a alguien y enseñarle a amar cada parte de sí misma, a ser quien fuera sin ninguna vacilación. *¿Eres de un género diferente del que pensamos? Chido, vámonos de compras. ¿Quieres convertirte a una religión que adora a los gnomos de jardín? Muy bien, siempre y cuando no oprimas a nadie. ¿Quieres cambiar tu nombre a Gata Maga Sánchez? No lo entiendo, pero no pasa nada. ¿Quieres irte a vivir a Mozambique? Maravilloso, te iré a visitar y te llevaré tortillas Milagro.*

Quería darle a mi hija el permiso que nadie me había dado a mí. Sabía que una de las mejores cosas que ya había hecho por ella era elegir a su padre.

Durante el embarazo ya no podría nublarme la mente con cantidades absurdas de marihuana, así que tenía que aceptar la nueva realidad. Luego vinieron la náusea, los dolores de cabeza y el agotamiento. Más o menos en el quinto mes empecé a oír a la bebé llorar dentro de mí a media noche. Cuando se acercaba la fecha del parto, también empecé a oír algo a medio camino entre una queja y un graznido. Me asustaba un poco pero sobre todo me divertía. Nunca desperté a Will para que oyera. Esperaba a que se pasara y me volvía a dormir.

Nos volvimos apáticos y miedosos. El número de muertes creció. Veíamos, indignados, grabaciones de Trump. Le gritábamos al televisor. La gente moría mientras nosotros estábamos sentados, inútiles, en nuestra sala. La policía había asesinado a hombres y mujeres negros con tanta frecuencia a lo largo de los últimos años que en ocasiones mezclábamos sus muertes. *¿Él era el que...? ¿Ella era la que...? ¿No fueron ellos los que...? Su hija en el carro... Su cuello... El estacionamiento de un Wendy's... Estaba dormida... Gritó buscando a su madre...*

Will y yo tuvimos innumerables conversaciones sobre la blanquitud y el privilegio, sobre nuestros temores de educar a nuestra familia morena mestiza en una supremacía blanca, en un país en el que millones de personas veneraban a un fascista. *¿Qué es la cultura blanca?*, nos preguntábamos. Una enfermedad de la psique. Una glotonería del espíritu. Un fallo de la imaginación. Concluimos que la blanquitud era una ideología que valoraba las apariencias, las farsas, el misterio, la deshonestidad y la dominación. Ser blanco es estar en el centro de todo y aun así querer más.

Me preocupaba por la niña que se estaba formando en mi interior. ¿Cómo sería el mundo cuando fuera creciendo? Aunque nuestra familia estaba atravesando relativamente indemne la pandemia, Will y yo estábamos en un estado constante de rabia y miedo. ¿Qué significaría si se reeligiera a Trump? ¿Cómo educaríamos a estos niños racialmente ambiguos? Bromeábamos con que diera a luz a nuestra hija en Canadá: una bebé para echar el ancla ahí y escapar de los blancos racistas.

Veíamos programas de casa y jardín en la tele, leíamos libros, brincábamos la cuerda, pintábamos la casa, bailábamos vogue, rapeábamos, reacomodábamos los muebles, nos quejábamos, nos sentíamos culpables, hacíamos donaciones, remodelábamos el sótano, llorábamos, cocinábamos cosas raras, comprábamos cosas estúpidas, hacíamos arte, creábamos personajes, veíamos a la familia en el jardín, hacíamos pan como el resto del mundo. La banda sonora del año incluía el aluvión constante de comerciales de productos farmacéuticos: *Entre los efectos secundarios puede haber ideaciones suicidas, calor en las orejas, síndrome del cuello sudoroso, dientes de conejo, delirios de grandeza, diarrea, taquicardia, desesperación existencial, acné y muerte.*

En mayo, Will me propuso matrimonio en el mismísimo jardín donde nos enamoramos. Yo estaba de pants, con una playera raída de Keith Haring, sin brasier ni maquillaje. Evidentemente no tenía idea de lo que iba a pasar. Habíamos hablado de casarnos, pero supuse que no habría comprado un anillo en la cuarentena. Una noche cálida metió la mano en nuestra maceta de especias y sacó una caja con un anillo precioso. Dije que sí, por supuesto.

Pocos meses después nos casamos en el mismo lugar, enfrente de nuestras plantas de tomate. Queríamos casarnos a pesar de la pandemia. Presidió la ceremonia nuestro amigo Miguel porque ya se había ordenado en línea ¡y badda-bing-badda-boom! Solo hubo otras dos personas presentes: mi hermano menor y el mejor amigo de Will. Comimos nuestra pizza de base gruesa preferida. Fue tonto, divertido y dulce.

A LO LARGO DE LA CUARENTENA pensamos en qué nombre ponerle a nuestra hija. Yo quería uno imponente y poco común, quizá incluso rebelde. Queríamos que su nombre representara el momento de la historia y su identidad mestiza. Will sugirió Sojourner y solté un grito ahogado. No mames, qué nombre, pensé.

Sojourner Truth. *¿Acaso no soy una mujer?* Viajera. Abolicionista brillante. Una mujer que no le pertenece a nadie. Una mujer que se dio nombre a sí misma. ¿Cómo se le podría faltar el respeto a Sojourner? ¿Cómo podría un hombre esperar sumisión ciega de una mujer así? Su nombre dice: *A ver, atrévete.*

Le añadí Inés, por Sor Juana Inés de la Cruz, porque quería que le gustara el conocimiento y viviera mil vidas a través de los libros. Una rebelde sabia. Una mujer con pensamiento crítico. Luego unimos nuestros apellidos con un guion porque yo la hice en mi cuerpo y no voy a ser borrada por la tradición poniéndole sólo el apellido de su padre.

Sojourner Inés, su nombre como manera de protegerla.

YA DESDE NIÑA sabía que quería que mi vida fuera mía antes de compartirla con una criatura. No imaginaba sacrificar mis necesidades y deseos para criar niños. No quería guardarles resentimiento por una vida que nunca hubiera tenido. Iba a tener esa vida al precio que fuera. Iba a construirla antes de que ella llegara.

Sé que hay mujeres que alcanzan el éxito sin importar sus circunstancias, salvan todos los obstáculos en su camino, pero no creo que yo hubiera sido una de ellas. No soy heroica. Pensar en los miles de niños separados de sus madres en la frontera me hace temblar de rabia. Nuestra sociedad no valora verdaderamente la maternidad, sólo su idea. En realidad es abiertamente hostil hacia las madres. Yo había visto a primas, tías y compañeras de clase tener hijos en la adolescencia, y las consecuencias de eso me dejaban pasmada. No me interesaba el martirio de la maternidad. No quería sufrir así.

A diferencia de lo que mucha gente cree, el egoísmo no tenía nada que ver con eso: se trataba de sobrevivir.

Sojourner nació sin complicaciones. Lo único digno de mención fue que no lloró al salir. Perpleja, vio a su alrededor, como si estuviera evaluando este nuevo mundo brillante al que acababa de ingresar. Eso a mí me preocupó; estiraba el cuello para verla al otro lado de la sala de partos, pero los médicos me aseguraban que estaba bien. Hay una foto que Will tomó poco después de su nacimiento en la que está sonriendo, con sus ojotes negros como planetas. Yo la veo como una criatura espacial. Su extraña expresión siempre me hace reír.

Tenía un permiso por maternidad en mi cátedra Sor Juana Inés de la Cruz en DePaul. A pesar de tener tiempo y recursos, la maternidad me tenía en constante frenesí. Mantener viva a una persona representaba una cantidad de tiempo extraordinaria. Los bebés son difíciles, ¿quién iba a saberlo? Aunque estaba agotada, sabía cuán afortunada era. Will y yo teníamos estabilidad financiera y también él había obtenido un permiso por paternidad. Incluso después de mi licencia, mi trabajo de profesora me dejaba estar mucho tiempo en casa. A veces trabajaba con la bebé en el regazo. Mis padres también nos echaban la mano algunos días a la semana.

No dejaba de pensar en mi madre, que había trabajado turnos nocturnos en una fábrica y a pesar de eso había hecho toda la chamba de cocinar, limpiar y criar hijos. ¿Cómo lo había conseguido? ¿Cómo es que todos habíamos salido más o menos bien? ¿Cómo le había hecho para no desmoronarse?

Decidí no amamantar a Sojourner porque las pocas veces que lo intenté veía venir una crisis nerviosa. La presión por producir suficiente leche me daba ansiedad. Supuse que para mi hija era más necesaria una madre funcional que la leche materna. No estaba pretendiendo ser una heroína para demostrar nada. Tampoco bebí mi placenta en un *smoothie* porque no soy una desviada ni una estrella de Hollywood.

Cuando Will y yo estábamos demasiado cansados para cocinar, pedíamos comida preparada. Todo lo que necesitábamos lo comprábamos. Pañales, leche de fórmula, muebles, cosas, ropa y lo que me facilitara el cuidado de esta bebé. Y vaya que era caro. No podía imaginar el cuidado de un recién nacido con las restricciones de un trabajo mal pagado de tiempo completo. No debería ser tan difícil atender a tu bebé sólo porque perteneces a la clase trabajadora. El hecho de que la leche de fórmula en las tiendas de nuestra localidad estuviera bajo llave es una mierda clasista que me hace despotricar. Si estás a favor de que los bebés tengan hambre, nueve de cada diez estudios demuestran que eres un perfecto cabrón.

Me la pasaría llorando en el baño todos los días de mi vida si trabajara más de cuarenta horas a la semana en una fábrica y tuviera que educar a tres hijos en un país desconocido con poca ayuda o ninguna, tal como hizo mi mamá. Para eso se requiere una fortaleza extraordinaria. Una fortaleza que no estoy segura de poseer.

Decidir cómo y cuándo tener una familia es fundamental para nuestra liberación como mujeres. Nuestra sociedad se la pone muy difícil a las madres que trabajan. Después de haber sufrido el malestar físico del embarazo estoy aún más convencida de que obligar a una mujer a soportarlo en contra de su voluntad debería ser delito.

Mi aborto me salvó la vida e hizo posible mi vida actual. Cuando estaba deprimida, a duras penas podía servirme un vaso de agua, ya no se diga ayudar a una criatura a desarrollarse. En esas circunstancias no habría podido cuidar a un bebé. Si pude disfrutar los movimientos que ocurrían dentro de mi cuerpo fue porque deseaba a esa bebé con todo mi ser, porque tenía ganas de que existiera, porque llevaba años y años esperándola. No imagino tener que continuar con un embarazo que no fuera elección mía enteramente. Equivaldría a una tortura. Me repugna pensar que estuve a punto de tener un bebé con un tipo que me regalaba accesorios de Navidad para el teléfono.

A VECES IMAGINO cómo será mi relación con Sojourner en el futuro. Nos veo tomando café en algún sitio al aire libre de una pintoresca ciudad extranjera, carcajeándonos de algo, probablemente de un hombre. Tenemos muchas bromas privadas y almuerzos muy largos. Vamos de compras. Dependo de ella para no volverme desaliñada ni vestirme con ropa pasada de moda. Ella me explica el argot de los jovencitos. "M'hija, ¿qué significa cuando los chavos dicen 'Me bip-bip a tu mamá'?".

A veces, sin embargo, la miro y esto es lo que pasa en mi cerebro: *¿Y si dejas de respirar? ¿Y si te tiro? ¿Y si me da depresión postparto y no puedo levantarme de la cama? ¿Y si no quieres ir a la universidad? ¿Y si alguien te dice un insulto racista? ¿Y si me caigo de las escaleras mientras te estoy cargando? ¿Y si tu cónyuge se siente intimidado por tu grandeza? ¿Y si te casas con una persona blanca? ¿Y si te atropella un coche? ¿Y si te da una enfermedad incurable?*

¿Y si alguien te hace daño? ¿Y si yo te hago daño? ¿Y si te haces vegana? ¿En qué momento te enterarás de que tu padre y yo fumamos mariguana? ¿Y si digo algo bienintencionado pero muy estúpido? ¿Y si eres tan hermosa que se vuelve un peligro? ¿Y si heredas mi jodida química cerebral?

¡Y así sucesivamente! Etcétera y más. Mi mente es un paisaje infernal. Casi todos los días me dan ganas de tomarme unas vacaciones para descansar de mí misma. De eso se trata mi siesta diaria. Como mecanismo de relojería, me desplomo por las tardes porque me cuesta trabajo ser persona un día completo. En lugar de simplemente estar radiante con la magia que es mi hija, reflexiono sobre los peores escenarios posibles. Pienso en que nunca podría sobrevivir a su ausencia de este mundo.

HE ESTADO TENIENDO pesadillas en las que tengo que mudarme de vuelta a mi departamento de infancia, el sitio donde viví hasta los ocho años. Recuerdo las manchas de agua en las paredes, el agua fría que salía de la regadera en débiles hilitos, el linóleo café que se iba desprendiendo en la cocina, las cortinas de Anita la Huerfanita de segunda mano, las fuertes luces fluorescentes, la alfombra sosa con olor a humedad en la sala y cuyo color original fue siempre un misterio. Una vez me subí a escondidas al ático de nuestro edificio en busca de algo interesante, pero solo encontré vigas de madera y ácaros del polvo brillando al sol.

¿Por qué siempre vuelvo ahí en mis sueños? ¿Qué están tratando de decirme? ¿Por qué no puedo soltarlo? Mis padres siguen en Cícero, en la casa a la que nos mudamos cuando tenía diez años.

Llámenlo suburbio, pero los que somos de ahí tenemos otra opinión. Cícero es un lugar desolador.

Mucha gente con la que crecí sí se quedó en la región y no los juzgo. Es difícil salir y no tiene nada de malo quedarse ahí (cada quien sus gustos), pero desde el primer día yo hice todo lo posible por largarme. Habría preferido morir de una infección del tracto urinario que quedarme en el mismo lugar y trabajar en un banco, estar casada con un policía llamado Tony que pronuncia la *l* muda del inglés *salmon* y que cree que "las vidas azules importan".

Últimamente he estado pensando en dos de mis amigas de infancia, que murieron aún niñas. Supongo que estoy reconsiderando los peligros de ser niña ahora que tengo una hija. La maternidad ha desenterrado muchos recuerdos. Mis amigas Vero y Sandra murieron en diferentes circunstancias cuando yo estaba en la preparatoria. En ambas muertes estuvieron implicados sus novios, pero lo demás es un misterio. Nunca sabré qué fue lo que realmente pasó. Vero dejó a un bebé que ahora debe de tener veintitantos años. A veces veo sus radiantes caritas jóvenes y me pregunto quiénes serían el día de hoy. Me ha tomado todos estos años darme cuenta de que todos (y quiero decir *todos*) les fallaron.

Vivir con una enfermedad mental es como caminar por la cuerda floja en tacones: un paso en falso y puedes desplomarte y morir. El medicamento equivocado puede arruinarte la vida entera. Hay mucho en juego. Sin embargo, ahora sé que parte de mi ansiedad la heredé de mi madre y de todas las mujeres que vinieron antes de nosotras. Mi madre siempre puede imaginar los peores escenarios debido a los horrores que ha tenido que vivir como mujer y como inmigrante. Ha sufrido traumas de los que yo probablemente nunca me entere. Esperar lo peor es para ella, simple y llanamente, un mecanismo de supervivencia. Me ha tomado casi toda la vida darme cuenta de que también yo estoy siempre mirando por encima del hombro para ver quién o qué podría arruinarme la vida.

Empecé a darme cuenta de que no podía confiar en la felicidad hace unos años, cuando estuve en Italia con una beca de investigación. Era 2018, pocos meses después de haberme recobrado de mi último episodio depresivo. Estaba feliz de encontrarme ahí (realmente encantadísima) pero no pude asimilarlo. Pensaba que me lo iban a quitar. Era como si esperara que alguien saliera de entre las sombras, me tirara los *cannoli* de un manotazo y me dijera que estaba en la quiebra. O recibiría un correo electrónico que diría: "Jajajá, es broma. Devuelve los fondos inmediatamente". No podía creer estar ahí disfrutando así de mi vida. ¿Quién te crees que eres, alguna pinche blanca en una novela?

Del mismo modo, muchas tareas de gente adulta me provocan una honda ansiedad. Hacer mis declaraciones de impuestos me provoca desmayos; tan solo llenar el formulario W-2 me da chorro. Cuando compramos nuestra casa tuve que presentar infinidad de documentos, y fue tan intrusivo que pensé que terminarían pidiéndome los resultados de mi último papanicolau. Estaba tan afligida que me preocupaba que alguien descubriera que alguna vez llené mal un formulario y perder todos mis bienes.

Cuando eres una niña morena y pobre sientes que nada te pertenece. Te disculpas por existir. Piensas que la gente blanca acecha entre los arbustos lista para arruinarte, ¡porque así es!

Se entiende que tuviera yo ideaciones suicidas y que las adolescentes de origen latinoamericano tengan el mayor índice de suicidios entre sus compañeros. Es una epidemia que a nadie le importa porque en este país valemos muy poquito (el investigador Luis Zayas ha estudiado esto ampliamente, y las periodistas Soledad O'Brien y Maria Hinojosa también lo han cubierto). Muchas jóvenes que viven en hogares latinos tradicionales sienten que no tienen alternativa. A mí me tocó que todo mundo tuviera algo que decir en lo que hacía, en cómo me vestía, cómo actuaba, qué aspecto tenía mi cuerpo. Era como si mi existencia entera fuera una afrenta. Las muchachas morenas piensan en el suicidio, o lo cometen, como una forma de protesta. Prefieres no existir a vivir de una manera que te pisotea el espíritu.

Entiendo algo de la ansiedad de mi madre, dónde empezó y en qué se ha convertido. Nunca podré comprenderlo todo. Sé que su infancia fue abrumadoramente pobre. Hace poco nos contó que una vez perdió un zapato jugando en un riachuelo y se quedó descalza porque era su único par. Probablemente hay mucho que nunca dirá; dice que ya ha olvidado casi todo. El trauma es generacional y a veces lo cargamos sin darnos cuenta siquiera.

Lo que tenemos en común es que deseamos algo más que nuestras circunstancias. Cuando ella decidió cruzar la frontera dijo: *No voy a vivir así.* Yo dije lo mismo cuando decidí irme de casa. Cuando puse fin a mi matrimonio. Cuando aborté.

A menudo la mejor decisión es la más difícil. La transformación se gana. Duele. Es fea. Por muchos años me aferré a la culpa de no ser la hija que mi madre quería, pero ahora veo que hemos hecho cosas parecidas. Ahora le estoy más agradecida. Me identifico con todo lo que ha sufrido, pero también entiendo que no me toca a mí seguir cargando con su trauma. Todavía no sé bien a bien qué significa esto, pero sí sé que me niego a transmitirlo. Eso termina aquí, conmigo.

Cuando Sojourner tenía pocos meses y yo sentía el cuerpo tenso sin saber por qué, empecé a susurrar en voz alta y para mis adentros: "Está bien no sufrir". Eso ahora se ha transformado en: "Está bien ser feliz". Cuando digo esto mis músculos se suavizan un poco, mis omóplatos se relajan, mi mandíbula se afloja.

DESPUÉS DE TENER A SOJOURNER empezamos a darnos cuenta de que nuestra casa se sentía apretada. No estaba mal, y si hubiéramos necesitado hacerla funcionar habríamos podido, pero para mí el problema era que no tenía un despacho. Eso estaba empezando a alterarme. Sé cuánto privilegio es eso, pero no había trabajado tanto para renunciar a ese sueño sin más. Y para ser franca, ver tantos programas de casa y jardín probablemente me lavó un poco el cerebro. Además tuve una epifanía: también merecemos cosas lindas.

Will y yo revisamos nuestras finanzas y empezamos a husmear un poco como quien no quiere la cosa. Unas semanas después encontramos en nuestro barrio una deslumbrante casa remodelada con una escalera de caracol que llevaba a un ático enorme. Will dijo que parecía una casa en un árbol y sí era cierto. Me imaginé escribiendo frente a la ventana con vista a los hermosos árboles, toda mi biblioteca detrás de mí. Era todo muy al estilo Virginia Woolf, y decidí que era mía.

De inmediato hicimos una oferta y nos la dieron. Después de un proceso largo y tedioso, cerramos el trato y nos mudamos. Will y yo no podíamos creer estar viviendo en una casa sacada de una comedia. Todavía no asumimos haber podido hacer esto por nuestra familia. Cada niño tiene su propia recámara y tanto Will como yo tenemos nuestros despachos.

He decorado con lo que me da felicidad: paredes azules inspiradas en ese pueblo de Marruecos que visité cuando viví en Madrid, papel tapiz de colibríes, grabados de artistas de color, bordados alegres de diferentes países, mis propias obras de arte, un retrato de una niña morena leyendo, cerámica de nativos americanos, papel tapiz de Van Gogh, tapetes marroquíes, antigüedades deslustradas, un retrato de Toni Morrison dando cátedra. Es luminosa y cálida e increíblemente cómoda. Hay un poco de desorden por los libros y proyectos de arte desparramados. Pasan días enteros sin que yo salga de aquí.

Un día después de estar aquí refugiados tuvimos una boda tardía de gente vacunada en nuestro nuevo jardín con la familia y las amistades más cercanas. Queríamos festejar en el lugar que más queremos. Tuvimos a un taquero y un mariachi de puras mujeres. Paletas y churros de postre y una piñata de taco. Sojourner fue la reina de la fiesta.

Nuestra casa es un lugar de criaturas chicas y grandes: tres niños, una gata odiosa, un perro tonto y familiares y amigos que pasan a visitarnos con frecuencia. Tenemos muchas reuniones informales con gente selecta. Will y yo nos hemos vuelto más vigilantes a la hora de decidir a quiénes dejamos entrar en nuestras vidas. Nunca me había sentido tan segura. Le digo a la gente que planeo morir aquí; es el lugar que toda la vida he estado buscando.

Estaba casi convencida de que nunca me abrazarían y verían así. Mi vida es tan idílica que casi me pone los pelos de punta. Tengo a una angelical bebé morena que se ríe de todo lo que digo. Estoy casada con un marido de muy buen trasero que es un rey y le encanta cuando hago obras de arte. Casi todas las noches tenemos mesas redondas sobre raza. Mi carrera es exactamente lo que quiero: doy clases, escribo y viajo. Doy largas caminatas en el parque cerca de mi casa, donde me siento en comunión con las flores y los árboles. Tengo amigas brillantes. Mi ropa tiene estilo. Voy adonde quiero.

Mientras escribo esto, mucha gente está vacunada en Chicago y parece que poco a poco estamos saliendo de la pandemia. Por supuesto que me relaja que la gente vaya a dejar de morirse y que podamos empezar a respirar el mismo aire, pero en algunos sentidos me asusta regresar al mundo. ¿Y ahora con qué pendejadas me saldrá la gente blanca? ¿Y si se me olvida cómo comportarme allá afuera? Will y yo somos muy silvestres. ¿Y si voy a un restaurante y pido chichis de pollo?

LO ÚNICO QUE SIEMPRE he querido es sentirme viva. Esa es la tesis de toda mi existencia. Quiero estar aterrada, asombrada, furiosa y encantada. Quiero cenar mucho y de todas formas pedir postre. Y café, porque chingue su madre. Quiero ir a fiestas y divertirme hasta perder un zapato. Quiero reírme tanto hasta orinarme en los calzones. Quiero hablar con un bicho raro en un antro apestoso. Quiero llorar en la calle si el espíritu me mueve. Quiero decirle a la gente cómo me siento aunque resulte incómodo. Quiero hacer malas obras de arte que nadie vea. Quiero echarme una siesta en un país extranjero después de una comilona. Quiero pelearme y reconciliarme. Quiero fumar mariguana con mi esposo en nuestro jardín. Quiero quedar atrapada en una tormenta. Quiero gritarle a un racista. Quiero dormir de más. Quiero pintar árboles con mi hija. Quiero nadar en el mar al anochecer. Quiero llorar hasta desmayarme. Quiero asustar a gente blanca con mi risa. Quiero escribir poemas ridículos con mis hijastros. Quiero mirar por la ventana todo el tiempo que quiera. Quiero decirle a una extraña lo bonita que es. Quiero enamorarme de una nube. Quiero comer tacos en un mercado de pulgas. Quiero quedarme boquiabierta frente a una pintura. Quiero abrir un coco. Quiero escribir cosas que me alteren. Quiero preparar una comida sofisticada. Quiero usar ropa extravagante. Quiero que un libro me haga llorar. Quiero decir "Perdón". Quiero decir "Te perdono". Quiero cantarle feo a mi gata. Quiero llevar a mi hija a París por capricho. Quiero que todos los atardeceres me dejen estupefacta. Quiero crear belleza con disparates. Quiero contar historias que sean verdaderas.

Querida Sojourner:

Esta es mi vida lo mejor que puedo recordarla. La he regado de demasiadas maneras como para mencionarlas, pero he tratado de combatir algunos de los errores de nuestro pasado y presente. Traté de hacer más espacio para ti en este extraño lugar llamado Tierra. Es muy difícil ser humano, ser mujer, estar viva. Lo que espero es que me confíes la verdad, por fea que sea; que me dejes asir tu sufrimiento cuando lo necesites. Nunca te dejaré.

Sojourner, el mejor fruto de mi supervivencia. Eres mía, pero no me perteneces. Esto es lo que quiero que sepas: eres la criatura más extraordinaria. Cuando te miro soy la felicidad encarnada. Vienes de mujeres que se negaron a desaparecer. Eres morena y negra y gloriosa. Eres infinita y mágica y perfecta. El mundo no estuvo hecho para ti, pero hay belleza en todas partes. Mi mayor deseo es que luches por ella.

AGRADECIMIENTOS

Escribir un libro nunca es un acto solitario. Tengo mucha gente, viva y muerta, a la que agradecer, por inspirarme para seguir escribiendo y seguir viva.

En primer lugar, este libro no habría sido posible sin mi increíble editora, Georgia Bodnar. Georgia, me empujaste a muchos lugares incómodos que necesitaba ver. Tanto mi escritura como mi pensamiento son más agudos gracias a tu mirada escrutadora. Para que lo sepas, tengo planeado que seamos amigas. Implica muchos largos almuerzos seguidos de café. A lo mejor ir de compras o al spa. Ya veremos. Los niños están con los maridos.

Michelle Brower, has estado conmigo desde que empecé a publicar. Me acuerdo vívidamente de cuando nadie quería aceptar mi novela. Tú viste algo que nadie más, y estoy agradecida por eso. Gracias por creer siempre en las historias que cuento. Has ayudado a amplificar mi obra de maneras que no podía siquiera imaginar. Espero que pronto podamos volver a zamparnos sushi en un restaurante subterráneo lleno de gente en el centro, inclinadas con los abrigos en el regazo mientras alguien está a punto de darnos un codazo en la cara.

Gracias a Emily Wunderlich por asumir esta operación. Me hace feliz contar con tu pericia mientras esta cosa se convierte en todo un libro que la gente leerá en el baño, en los trenes, en regazos (¿?) y otras superficies interesantes. ¡Gracias de antemano por ser paciente conmigo!

Muchas gracias a todo el equipo de Viking. Es un honor trabajar con todos ustedes. Es un sueño. Estoy agradecida por toda la atención y el apoyo que han vertido en este libro.

Gracias, Universidad de Princeton y Fundación Mellon, por la beca Princeton Arts. Terminé gran parte de este libro durante mi estancia allí.

A mi mejor amiga, Jen Fitzgerald. Eres la neta. Sin ti no estaría aquí. Te quiero como a una hermana. Estoy tan contenta de haber ido de aventón aquella vez a Vermont. Nunca fui la misma.

Las siguientes personas y muppets me han dado su amistad y su orientación por muchos años; estoy eternamente agradecida por su presencia en mi vida: Phillip B. Williams, Michael Harrington, Rigoberto González, Eduardo C. Corral, Safiya Sinclair, María Inés Zamudio, Sandra Cisneros, Miguel Jiménez, Jackson, Elizabeth Schmuhl, Sara Inés Calderón, Rachel Kahan, Anna Lekas Miller, Claudia Pineda y Xelena González.

También debo mencionar a Gary Drop, Christopher Gaumer y la comunidad del programa de residencia limitada MFA del Randolph College. Son un equipo de trabajo precioso.

Al departamento de Estudios Latinoamericanos y Latinos de DePaul: gracias por apoyar mi escritura y mi enseñanza. ¿Ya podemos tener una hora feliz? Esto ya es absurdo.

Hermanos: ustedes son los peores pero también los mejores. Celebremos este libro con sándwiches de carne jugosos.

Sof, Teo y Nora: su creatividad me inspira. Gracias por ser siempre mis compas.

Nada de esto habría sido posible sin mi madre y mi padre, Catarina y Gustavo Sánchez.

Bean y Spike: fueron una adición inesperada y deliciosa a mi vida. Creo que ahora el Profesor Salchicha estaría muy orgulloso de ustedes.

A mi amado esposo, "Will": no sabía que un hombre como tú pudiera existir en este mundo. Gracias por siempre apoyar felizmente mi obra y proporcionarme risa e inspiración infinitas. Te amo tanto que da asco. Nos vemos en el ático para una mesa redonda sobre el verdadero significado de la palabra *nutriente*.

Sojourner Inés, me emociona mucho ver a la mujer en que te convertirás. Eres mágica. Eres perfecta.

BIBLIOGRAFÍA

Ya nos cargó el payaso

Frank Rich, "In Conversation with Chris Rock", *Vulture:* https://www.vulture.com/2014/11/chris-rock-frank-rich-in-conversation.html.

Peter McGraw y Joel Warner, *The Humor Code: A Global Search for What Makes Things Funny,* Nueva York, Simon & Schuster, 2014.

Olga Khazan, "Plight of the Funny Female", *Atlantic,* 19 de noviembre de 2015, https://www.theatlantic.com/health/archive/2015/11/plight-of-the-funny-female/416559/.

"Make Her Laugh", *Science,* vol. 311, núm. 5761, 3 de febrero de 2006, p. 587.

Christopher Hitchens, "Why Women Still Don't Get It", *Vanity Fair,* abril de 2008, https://vanityfair.com/culture/2008/04/hitchens200804.

"Comedians Have 'High Levels of Psychotic Traits'", BBC News, 16 de enero de 2014, https://www.bbc.com/news/health-25747068.

De vuelta a la madre patria

Charlotte M. Gradie, *The Tepehuan Revolt of 1616: Militarism, Evangelism, and Colonialism in Seventeenth-Century Nueva Vizcaya,* Salt Lake City, University of Utah Press, 2000.

Rebecca Solnit, *A Field Guide to Getting Lost,* Nueva York, Penguin, 2005 [versión en español: *Una guía sobre el arte de perderse,* trad. Clara Ministral, Madrid, Capitán Swing, 2020].

Virginia Woolf, *A Room of One's Own,* prólogo de Mary Gordon, Boston: Harcourt, 2005 [versión en español: *Una habitación propia,* varias ediciones].

La mala vida

Rebecca Solnit, *The Faraway Nearby,* Nueva York, Penguin, 2014.

Jean-Paul Sartre, *Nausea,* trad. Richard Howard, introducción de James Wood, Nueva York, New Directions, 2013 [versión en español: *La náusea,* varias ediciones].

Nick Flynn, *Some Ether,* Mineápolis, Graywolf Press, 2000.

Christopher Hitchens, "Mommy Dearest", *Slate,* 20 de octubre de 2003, https://slate.com/news-and-politics/2003/10/the-fanatic-fraudulent-mother-teresa-html.

Rebecca Solnit, *Hope in the Dark: Untold Histories, Wild Possibilities,* Chicago, Haymarket Books, 2016 [versión en español: *Esperanza en la oscuridad. La historia jamás contada del poder de la gente,* trad. Lucía Barahona, Madrid, Capitán Swing, 2017].

Soka Gakkai, https://www.sgi.org/about-us/buddhist-concepts/changing-poison-into-medicine-html.

Woody Hochswender, Greg Martin y Ted Morino, *The Buddha in Your Mirror: Practical Buddhism and the Search for Self,* Middleway Press, 2001.

Pema Chödrön, *When Things Fall Apart: Heart Advice for Difficult Times,* Boulder, Colorado: Shambhala, 2016.

Ntozake Shange, *For Colored Girls Who Have Considered Suicide / When the Rainbow is Enuf: A Choreopoem,* Nueva York, Scribner, 2010.

¿Crees que soy bonita? Marca "Sí" o "No"

John Charles Chasteen, *Born in Blood and Fire: A Concise History of Latin America,* Nueva York, W. W. Norton, 2016.

Naomi Wolf, *The Beauty Myth: How Images of Beauty Are Used Against Women,* Nueva York, Harper Collins, 2011 [versión en español: *El mito de la belleza,* trad. Matilde Pérez, Navarra, Con Tinta Me Tienes, 2000].

Elaine Scarry, *On Beauty and Being Just,* Princeton, Nueva Jersey: Princeton University Press, 2010.

Nicholas Mirzoeff, *An Introduction to Visual Culture,* Oxfordshire, Routledge, 2009.

Me gusta disfrutar

Octavio Paz, *The Labyrinth of Solitude and The Other Mexico; Return to the Labyrinth of Solitude; Mexico and the United States; The Philanthropic Ogre,* Nueva York: Grove Press, 2001 [versión original en español: *El laberinto de la soledad,* México, Fondo de Cultura Económica, 1950].

Virginia Woolf, *A Room of One's Own,* prólogo de Mary Gordon, Boston: Harcourt, 2005 [versión en español: *Una habitación propia,* varias ediciones].

Naomi Wolf, *Vagina: A New Biography,* Londres, Virago, 2013 [versión en español: *Vagina. Una nueva biografía de la sexualidad femenina,* trad. Fina Marfa, Barcelona, Kairós, 2013].

Un sol difícil

Kay Jamison, *Touched with Fire,* Nueva York, Free Press, 1994 [versión en español: *Marcados con fuego,* trad. Angélica Bustamante de Simón, México, Fondo de Cultura Económica, 1998].